本书系中央高校基本科研业务费专项资金项目（项目编号：3010619036/30106190512）资助成果

中国货币政策的新政治经济学分析

宋 琴 著

中国财经出版传媒集团

经济科学出版社
Economic Science Press

图书在版编目（CIP）数据

中国货币政策的新政治经济学分析/宋琴著.
—北京：经济科学出版社，2019.4（2020.7 重印）
ISBN 978 – 7 – 5218 – 0502 – 4

Ⅰ.①中… Ⅱ.①宋… Ⅲ.①货币政策 – 研究 – 中国　Ⅳ.①F822.0

中国版本图书馆 CIP 数据核字（2019）第 080468 号

责任编辑：刘　莎
责任校对：隗立娜
责任印制：邱　天

中国货币政策的新政治经济学分析
宋　琴　著

经济科学出版社出版、发行　新华书店经销
社址：北京市海淀区阜成路甲 28 号　邮编：100142
总编部电话：010 – 88191217　发行部电话：010 – 88191522
网址：www.esp.com.cn
电子邮件：esp@esp.com.cn
天猫网店：经济科学出版社旗舰店
网址：http：//jjkxcbs.tmall.com
固安华明印业有限公司印装
710×1000　16 开　12.75 印张　210000 字
2019 年 4 月第 1 版　2020 年 7 月第 2 次印刷
ISBN 978 – 7 – 5218 – 0502 – 4　定价：34.00 元
（图书出现印装问题，本社负责调换。电话：010 – 88191510）
（版权所有　侵权必究　打击盗版　举报热线：010 – 88191661
QQ：2242791300　营销中心电话：010 – 88191537
电子邮箱：dbts@esp.com.cn）

前　　言

在主流经济学的研究范式里，为追求经济政策分析的标准化或一般化，政策制定者通常被认为是一个仁慈的社会计划制定者。他以社会福利最大化为目标，并采取各种手段纠正市场失灵，重建分配效率。但真实世界里的经济政策并不是由生活在象牙塔里的经济学家制定，而是由政治家做出的。政治家关注的是稳定、增长和分配。即使经济政策是由经济学家做出，他也不可能完全超然于世外，不受任何利益冲突的影响。政治事关人类的根本利益，涉及重要利益关系的调整和分配。在平衡利益不一致性的政治体制下做出的含有政治目标的经济政策必然对经济结果产生影响。

传统经济学对货币的研究着重考虑的是经济参与者和商品之间的关系或商品之间的直接关系，那些抽象和忽略货币与金融体系作用的各种经济学流派及其思想和模型描述的只能是原始社会的经济活动，而非现在这种高度专业化、市场化和社会化大生产中的现实世界。尽管主流宏观经济学的最新发展已经强调了政治因素在决定经济政策包括货币政策等方面所起到的重要作用。但在本质上，货币应被看作是经济参与者之间的一种社会关系。作为一种社会制度，货币在经济中的所起的作用，自始至终都存在于社会、政治和经济领域。不论作为交易媒介或结算工具的货币材料具有怎样的物质属性，社会赋予它的社会属性仍然是真实的①。货币并非只是简单名义上或象征性，而是真实地影响人们的生活。货币数量和利率作为货币政策的核心部分，同样体现了这种分配关系。在一定的政治经济约束条件下，货币政策不仅仅是一种工具，而且作为一种生产关系，同样反映了社会中的利益冲突和分配。在开放经济条件下，汇率作为国际货币政策协调的结果，也体现了国际政治经济力量的博弈。

中国经济运行具有典型的转轨和转型经济特征。就货币政策来说，虽然中央银行的独立性有所增强，但仍要服从于政府的目标。因此，在新政治经济学和现代货币理论的基础上，本书主要研究政治约束对货币政策的影响以及货币政策执行中的政治特性，并试图提供一个全新的分析货币政策的新政治经济学框架和思路，通过构建模型和实证分析为当前中国货币政策的设计和执行提供理论参考和决策依据。

导论部分说明了研究目的和重要性，阐述了所采用的主要研究方法和研究内容，回顾了从新政治经济学角度研究货币政策的国内外最新动态和成果，为全书提供了理论支撑。

第二章对货币与金融之间的关系进行探讨。根据最新的理论进展，建立了一个货币政策传导的成本渠道模型，分析了以银行为主导的金融体系是如何作为货币政策传导的成本渠道发挥作用。针对金融在中国是垄断行业，并没有发挥好

---

① 约翰·史密斯：《货币经济学前沿：论争与反思》（修订版），上海财经大学出版社2004年版。

资源配置和促进经济发展作用的现实，建立模型分析了租金与效率的权衡取舍问题，发现中国金融的发展实际上是政府在对既得利益集团激励与抽租的权衡。压抑的金融体制下所造成金融资源配置的低效率是造成中国货币政策低效率的根本原因。

第三章分析了货币政策与经济增长之间的关系。鉴于全世界没有一个中央银行在执行"弗里德曼规则"，而且存在利用货币扩张提高资本的相对回报和刺激资本形成进而带动经济增长的"托宾效应"，先建立一个扩展的内含资本世代交叠模型展开分析，然后利用 McCallum 规则和一个附加汇率项的前瞻型 Taylor 对中国货币政策和经济增长进行计量实证分析。结果表明中国中央银行货币政策的重心仍然是重点盯住货币供应量，通过货币扩张来促进真实和名义 GDP 的增长以及应对外来冲击的压力如通货膨胀和通货紧缩等。

第四章研究了以扩大就业为目标的最优货币政策。通货膨胀和失业一直都是一个国家和社会中主要的政治和经济问题，在两者表象背后更深层次的问题是分配的不平等。在名义刚性的假设下建立一个世代交叠模型，论证中央银行能否实行以就业为目标的最优货币政策。

第五章试图探究更加浮动的汇率制度对中国货币政策和经济会有什么影响。在开放经济的条件下建立了一个统一的递归模型，分析了基于不同目标的最优货币政策执行过程和结果，发现货币政策制定者在面临开放经济条件下国内外最优资源分配的权衡时，浮动汇率制成为要稳定国内经济并能有效应对国内外冲击的独立和内向型货币政策的最优选择。

第六章就高利率捍卫汇率稳定政策进行了全面评价。考虑到

中国货币政策的新政治经济学分析

无论是发达国家还是发展中国家，只要是实行固定汇率制或变相的固定汇率制，其货币都曾受到显著的投机攻击，而 IMF（国际货币基金组织）应对货币危机的标准策略则是建议通过提高短期利率来维持货币稳定的现实。通过建立基于非线性马尔科夫变换的世代交叠模型进行分析可以证明高利率会导致高汇率波动率，再进行 VEC 分析和 Granger 因果检验可以证实中国的高利率政策是汇率波动率增加的重要原因。最后通过 GARCH 模型预测人民币汇率波动率并与历史数据相比较发现，当高利率使经济增长放缓甚至衰退，维持汇率稳定的可信度下降时，投机者就极有可能会发动对人民币的投机攻击。如果中央银行无法承受投机压力，最后将不得不放弃现有的汇率制度转而实行浮动汇率制。

最后分别针对当前宏观经济形势、治理通货膨胀，投机压力三个方面的货币政策的政治—经济权衡进行分析和讨论。认为目前的货币政策在世界利率下调，全球经济增长减速和复苏乏力的外部约束下已经面临多重困境，现有的汇率制度也限制了中国经济应对内部和外部冲击的能力，使中央银行丧失了国内货币政策的独立性。中央银行应该尽可能地保留对货币政策的主权和控制权，以便按照国内政策偏好来制定利率。一个设计正确的利率体系能实现很多政策目标包括保持汇率稳定。由于浮动汇率制能减少本国经济应对外部冲击的脆弱性和降低外部危机的可能性，而且实现的成本相对较低。因此更为可行的合理货币政策规则应该是通过逐渐放宽汇率波动区间和随机干预相结合的办法来有步骤的实现浮动汇率制，并将实际利率维持在一个较低但仍为正的水平上。

货币政策不是万能的，从长期来看只有减少城乡和地区之间的经济发展差距，优化产业结构，降低社会不同阶层的收入不平等程度，加大对医疗、教育、社会保障等初次分配和转移支付的改革力度，放松管制和垄断，增加公共物品的供给，深化金融体制改革，解除资本流动的限制，纠正经济失衡引起的经济脆弱性，转变经济增长方式，才能使经济持续和稳定的发展。

目　　录

第一章　导论 ·· 1

　　第一节　研究背景和选题意义 ·· 1
　　第二节　国内外最新研究进展和发展趋势 ·························· 8
　　第三节　研究内容和思路 ·· 12
　　第四节　研究方法与主要创新 ·· 14

第二章　成本渠道和激励与抽租的权衡 ·································· 16

　　第一节　货币政策传导成本渠道的模型 ·························· 17
　　第二节　中国金融发展的不平衡 ······································ 28
　　第三节　中国金融压抑的新政治经济学分析 ·················· 33
　　第四节　激励与抽租权衡的模型分析 ······························ 37
　　小结 ··· 40

第三章　弗里德曼规则、托宾效应与经济增长 ························ 43

　　第一节　引言 ··· 43
　　第二节　新古典模型分析 ·· 45

第三节　中国货币政策与经济增长的实证分析·················51
小结···57

第四章　以扩大就业为目标的最优货币政策·················59

第一节　传统的通货膨胀和失业理论·····················60
第二节　中国通货膨胀的特征·····························63
第三节　中国的失业与就业································68
第四节　"就业目标制"的最优货币政策模型·········78
第五节　分析和讨论··85
小结···92

第五章　开放经济条件下中国的最优货币政策分析·········93

第一节　货币政策的博弈分析·····························94
第二节　人民币汇率和汇率制度的选择·················98
第三节　开放经济条件下最优货币政策的模型·······109
小结···113

第六章　高利率能否捍卫汇率稳定·····························115

第一节　理论综述···116
第二节　基于马尔科夫变换的世代交叠模型·········123
第三节　利率与汇率波动率之间的相关性·············127
第四节　人民币汇率波动率的预测·····················130
小结···136

第七章　中国货币政策的多重困境·····························138

第一节　宏观经济形势分析·······························138
第二节　久违的通缩··147

第三节　通货膨胀的阈值效应 …………………………… 151
第四节　投机压力 ………………………………………… 155
结　论 ……………………………………………………… 158

参考文献 ……………………………………………………… 161
后　记 ……………………………………………………… 190

第一章

导　　论

第一节　研究背景和选题意义

一、新政治经济学的复兴

早在17世纪初，政治经济学一词就已出现。以《国富论》一书的出版为标志，政治经济学在18世纪70年代作为一门学科形成。马尔萨斯获得了英国第一个政治经济学教授职位，并任职直到1834年逝世。当时的经济学都被称为政治经济学，因为除了研究个人和市场行为外，更涉及政治因素对经济结果的影响。但自19世纪末以来，为了追求分析个人行为与市场的严密方法，经济学最终与政治学分离开来。政治经济学变逐渐被经济学一词所取代，其主要推动者为马歇尔，在其著作《经济学原理》里可见一斑。

始于20世纪初的新古典经济学的兴起使经济最终与政治分离开来，形成了今天的现代经济学。在新古典经济学的研究范式里，经济政策的制定过程常被处理成是在一个"黑箱"里做出来的，被排除在经济学的分析框架之外的政策工具和制度约束被当作外生变量来处理。这样，就可以用最优化的数学方法来分析理性的经济人。

"二战"后到20世纪80年代中期以前，主流经济学对政治经济学几乎没有什么兴趣，权威经济学期刊上有关政治经济学的文章也相对少得多。除了芝加哥大学和弗吉尼亚大学的一些经济学家还将注意力集中在政治对经济的影响外，庇古范式（针对市场失灵和再分配进行最优干预）仍然主宰着经济政策分析和制定。

但20年后，政治经济学迅速复兴，越来越多的经济学家又转而注意政治如何影响经济这个古老的问题。经济研究和分析也不能简单地离开其政治、社会和制度背景。经济的政治约束重新引起经济学家的重视，新政治经济学作为对新古典经济学局限的一种反思开始重新崛起。在秉承政治经济学思想传统的前提下，学者们不仅重新考虑政治因素对经济结果的影响，而且广泛借用现代经济学已形成的基本概念和分析方法来深入研究政治因素对经济结果的影响。经济学家已经充分认识到政治是决定经济资源配置的核心因素之一。他们从不同的角度提出了新政治经济学的分析框架，以寻求经济运行的政治和制度基础。政治经济学超越了传统经济学研究物与物之间关系的传统，更着重于对社会和制度演化过程的研究。

现代经济学分析的出发点是理性经济人、生产的技术和制度约束、可供使用的资源禀赋。从这三项基本假设出发，它分析价格、激励等各种间接机制对经济人行为的影响，以及如何通过理性经济人行为的相互作用来达到某种均衡状态，进而探讨这种状态下的效率问题。

在分析政治因素对经济结果的影响时，新政治经济学的基本假设是无论政治家、利益集团还是单个选民，所有的参与者都是理性的。他们在利益不一致前提下，运用各种可以支配的各种资源，努力实现自己的利益最大化。所以，新政治经济学中关于政治与经济制度的理性抉择，与现代经济学中的关于资源最优配置的理性决策，在本质上是相同的。这样一来，现代经济学中的数学方法就可以被用于新政治经济学的研究。通过引进现代经济学中的数学方法，对新政治经济学的重新兴起和迅速发展起到了重要的推动作用①。

经济学与政治学和伦理学之间的差异在于：经济学主要关注如何以最少的成本取得最大的利益，其支点是价值的生产；政治学关注的是如何分配那些已由经济活动生产出来的利益，其支点是价值的分配；伦理学则关心所分配的利益是否公正，其支点是价值的道德评估。

在主流经济学的范式里，为追求经济政策分析的标准化或一般化，政策的制定者通常被假定是一个仁慈的社会计划制定者。他以社会福利最大化为目标，并采取各种手段纠正市场失灵，重建分配效率。但真实世界里的经济政策并不是由象牙塔里的经济学家制定，而是由政治家执行的。即使是由经济学家做出，他也不可能完全超然于世外，不受任何利益冲突因素的影响。政治是各方面利益得失的权衡，政治家关注的是稳定、增长和分配。公众和政治家是一种委托—代理关系，但政治家有着为自己利益工作的动机，他们的利益通常与公众利益不一致。在信息不对称的条件下，公众很难监督政治家为公众利益服务。在平衡利益冲突的政治约束下做出的经济政策最终会对经济结果产生影响。

在某种意义上，政治就是社会价值的权威性分配。概括地说，政治就是关于重要公共利益的决策和分配活动。政治事关人类的根本性利益，它涉及重要利益关系的调整和分配，特别是阶级、阶层、集团、国家、民族、派别、群体利益的分配。利益冲突和分配应该成为新政治经济学的基本构成原则，因为只有当人们在决定实施某项经济政策，或者是在经济成本和经济收益如何分配上意见不一致时，就会产生政治经济学问题。

经济学最近的发展已经强调了政治因素在决定政府经济决策方面所起到的重要作用。这些决策被看成是集体行动的结果，而这些集体行动是通过政治制度，从不同的个人政策偏好加总的过程中产生的。一般来说，为了创造或保持政治支持，政府往往会试图控制经济的结果。政治家往往会理性地提倡政府干预，因为对市场实施管制可能会使政府组织的建设更加

---

① 阿伦·德雷泽：《宏观经济学中的政治经济学》，经济科学出版社2003年版，第4页。

容易。政治家试图通过建立保护—被保护类型的关系网络来获得政治支持。政治家通过对经济直接干预并制定相应的政策来奖励那些对其继续执政很重要的集团，而这些政策又能够确保资源流向这些集团①。这种类型的干预往往会带来政府强制进行产品配置的体制，使市场通过价格传递信息的作用无法发挥。与此相反，经济改革所带来的显著政治变化可能会把现有政治家的权利结构削弱到一个他们无法接受的水平。那些与给定领导集团有紧密联系的团体可能会在结构改革过程中经历地位下降，因为他们原来得到公共资源的所有特权可能会丧失。

新的政治经济学与旧的政治经济学既有联系，也有区别。其联系在于都使用经济学的基本方法，两者的区别是主要的。复兴以后的政治经济学的含义已经与传统用法大不相同了，成为一种使用经济学分析工具用来研究若干社会政治现象的政治学与经济学相交的新学科。新政治经济学的一个方法论特点就是用经济学的方法研究政治。经济人也是他们的一个重要的基本假设。经济人假设有两个重要的基本特点：自利和理性。新政治经济学对理性人的解释拓宽了以往对理性的理解。新政治经济学认为人是理性的，主要表现在：一是人在行动时必然进行成本—收益分析。二是理性有三层含义：知识的完备性，即个人在经济活动时具备关于其所处环境的各方面知识，其具备程度即使达不到绝对完备，至少也是相当丰富和透彻的；个人的偏好体系是稳定的、有序的，理性排序是经济学对个人偏好的起码要求；个人拥有很强的计算能力，能计算出在种种备选方案中，哪个可能达到其偏好尺度上的最高点。

目前，新政治经济学正处于形成过程中，学术界对新政治经济学的研究方兴未艾，其体系结构尚未完全统一定论。新政治经济学的主要流派有公共选择学派、新制度学派、国际政治经济学、规制的政治经济学等。

公共选择理论主要考察了政治过程的三个方面：利益集团的行为、政

---

① 皮埃尔·理查德·阿根诺、彼得·J. 蒙蒂尔：《发展宏观经济学》，北京大学出版社2004年版。

治家和官员们的行为、选民的行为。公共选择理论认为，利益集团有寻租行为。当企业和个人利用政府权力人为地限制他们所拥有的资源供给或增加需求时，就是寻租。寻租行为的扩张降低了经济的绩效，政府雇员也有自己的私利，这也是促使政府职能扩张的原因之一。政治家还有"短视效应"，为了当选或连任，只关注公共政策的短期影响，而忽视了长期效果。

在国家与政府的合法性解释上，新制度经济学坚持国家起源的"暴力潜能"分配论，而公共选择学派则认为政府的价值在于其提供公共物品方面具有规模优势。新制度经济学中的产权经济学也持同样的观点，认为政府职能是提供公共物品，而政府对公共物品的提供也并不意味着必须由政府直接生产该种公共物品。公共选择学派强调对政府绩效的衡量，运用由交易成本理论建立起的一系列标准来衡量公共组织的效率。该理论的一个重要内容是"政府失灵"论。公共选择学派认为，政府失灵表现在：公共决策失误、政府扩张、官僚机构的低效率、寻租等。进而提出改进政府工作效率的种种途径：进行宪政改革、在政府机构内部形成竞争机制、对政府的税收和支出加以约束、引起利润动机。

二、研究背景

现实经济是一个复杂的有机系统，实际经济增长是多种共同因素共同作用的结果。在中国的经济发展与转轨过程中，国民经济运行与宏观经济政策的相互作用机理更加复杂。货币政策是政府通过对国家的货币、信贷以及金融体制和结构的管理来实施的。进一步讲，是中央银行采用各种直接或间接货币政策工具调节总需求和总供给以实现宏观经济调控目标的方针和策略的总称，是国家宏观经济政策的重要组成部分。当经济出现衰退和过热时，政府都会采取宏观调控措施即有导向性的货币政策和财政政策来减少经济的波动性，保持经济平稳增长。宏观调控的目标包括扩大就业、稳定物价、促进增长和实现国际收支平衡，而这也是货币政策要达到的目标。

20世纪90年代以来，随着中国市场化改革进程的加速，适应市场经济体制的宏观经济调控体系逐步健全与建立，货币政策的工具和目标都发生了显著的变化。同时，由于中国金融市场相对不发达，市场机制也不完善，货币政策的中间传导渠道也存在一定的梗阻。中国政府在改革开放以来推动经济转型、促进经济增长等方面发挥着强大的甚至主导性的作用。在相当长一段时间内，在其目标排序中，效率（更准确地说，主要是经济意义上的效率）处于优先考虑的位置。通过实施不平等的发展战略，鼓励一些地区、一群人"先富起来"，并希望由此带动整个经济的增长，这也在某种程度上加剧了社会不同群体之间发展的不平衡。

经济从来都是与种种政治、社会关系共存的。政府作为一个重要变量影响着经济增长和发展所带来收益与风险的分布。政策的制定和实行对不同社会群体产生的实际效果，往往取决于政府对各群体的倾向性（或者说在目标函数中赋予社会不同阶层群体的权重）以及政府自身调控能力的强弱。一个社会内部冲突频繁、各阶层和群体发展严重失衡的经济实体很难实现稳定和持续的发展。潜在社会冲突水平越高，一国经济增长遭受内部和外部冲击影响的程度就越严重。有效的冲突管理机制对经济发展稳定性有显著的积极效应，因此政府需要以再分配的方式来平衡各群体之间的差距。

货币政策一直以来都是宏观经济理论研究的热点。长期以来，学者们就货币政策是否能影响宏观经济变量以及如何影响等问题存在各种不同的看法，不同学派对货币政策作用的解释存在一定差异。就中国的货币政策来说，虽然中央银行的独立性有所增强，但货币政策决策的政治过程及目标仍十分明显。中国货币政策的目标以及结果往往与发达国家的情况存在着显著差别。

三、选题意义

中国改革已有四十多年的历程了，无论是在经济增长还是经济体制转型等方面都取得了举世瞩目的成就。四十多年持续的经济快速增长使中国的综合国力和人民的总体生活水平都得到了显著提高。但是，一些深层次的矛盾和问题也随之凸显，同时也出现了不少问题，其中有些还越来越严重，如分配不公、机会不均、贫富差距过大、群体性事件激增、犯罪率上升、社会矛盾激化等，导致了某种程度上的社会不和谐及潜在的社会危机，对和谐社会的建设构成了重大挑战，从而使得中国的改革和发展正面临着新的攻坚阶段和十字路口。

人们越来越发现只是从考虑经济发展、注重经济效率的角度，推行经济改革是远远不够的，需要更深层次地从经济、政治、社会和文化等多个方面综合地来研究中国经济体制转型和制度建设问题，挖掘并解决其内在的矛盾。和谐社会不仅仅是指人与自然的和谐，更重要的是指社会关系的和谐。

在中国向市场经济的转型过程中，利益关系的变化，导致社会贫富差距迅速拉大。还由于改革和市场化进程的不平衡，一些国有部门形成行业垄断势力使行业差距拉大等原因，使利益分化和贫富差距的情况更加复杂。"看不起病，上不起学，买不起房，退不起休"成为新的社会矛盾焦点。如果社会的经济资源、政治资源以及教育资源分配上的不平衡，与地区、民族、宗教等方面的差异一致，社会就会在纵向上形成阶层分化，演化成为尖锐的内部矛盾和冲突的根源，很有可能造成国家和社会动荡。

传统经济学对货币的研究都集中于经济参与者与商品之间的关系或商品之间的直接关系。那些抽象和忽略货币和金融体系作用的各种经济学流派及其思想和模型描述的只能是原始社会的经济活动，而非现在这种高度专业化、市场化和社会化大生产中的现实世界。货币在本质上应被看作是经济参与者之间的一种社会关系。货币作为一种社会制度，以及其在经济中所起的作用，自始至终都存在于社会政治领域。不论作为交易媒介或结算工具的货币材料具有怎样的物质属性，社会赋予它的社会属性仍然是真实的。货币并非只是简单名义上、象征性或中性的，而是在真实地影响人们的生活。货币数量和利率作为货币政策的核心部分，同样体现了这种分配关系。在一定的政治经济约束条件下，货币政策不仅仅是一种工具，而且作为一种生产关系，同样反映了社会中的利益冲突和分配。在开放经济条件下，汇率作为国际货币政策协调的结果，也体现了国际政治经济力量博弈的结果。

货币理论在先验的理论推理与不断更新的实证支撑的交互推动下不断发展。由于个人观察角度的不同，以及处于不同的立场、拥有不同的偏好和不同信念的经济主体等原因，各学派的观点总存在矛盾。相对经济学的其他分类，达成的共识也少得多（Goodfriend，2007）。在特定的环境下，哪一种政策框架是最优的；或者，在给定总体框架中的某种具体情形下，不仅严重地依赖于理论假设，而且经常表现为不同数量大小间的比较。要将货币经济学理论与实证研究分开，并非不可能，但是非常困难。在货币理论的发展道路上，还没有能为人们所普遍接受的公理准则。货币经济学假定概括的往往是根据实证得出的规律而不是公理，接下来进行的理论化工作也无法达到人们希望出现的确定性。货币理论目前来讲也还是不完善的，但显然，人们普遍都不觉得这是个严重的问题。

本书主要在新政治经济学和现代货币理论的基础上研究政治约束对货币政策的影响及货币政策中的政治特性，试图提供一个全新的分析货币政策的新政治经济学框架和思路，通过构建模型和实证分析为中国货币政策的设计和执行提供理论和决策依据。

第二节　国内外最新研究进展和发展趋势

一、国外文献综述

基德兰德和普莱斯考特（Kydland and Prescott，1977）最早研究了利益的动态不一致性。赛尔（Sayer，2000）、格兰特尔（Granter，2000）、贝斯利（Besley，2007）对最近新政治经济学的重新崛起以及取得的成就做了详尽的综述。但迄今为止，针对这方面日益增多的专题文献，还没有一个令人信服的总结和一个统一的研究方法。在最近3年的全球经济学权威期刊中已经和即将正式发表的学术论文中，有关新政治经济学主题的文章数量不断增加。新政治经济学的研究范围和对象已扩展和渗透到社会经济生活的各个层面：福利和利益（Gruner and Schils，2007）、经济中的政治激励（Callande，2008）、法律演化（Irwin，2008；Hansen and Law，2008；Pagano，2009）、产品和劳动市场的管制对宏观经济产出的影响（Zanetti，2008）、收入分配（Zhang，2008）、工资收入差距扩大的政治经济影响（Corbae et al.，2008）、政府与市场的关系（Acemogl et al.，2008）、社会—经济因素对政治稳定的影响（Miljkovic and Rimalb，2008）、金融发展（Braun and Rassatz，2008）、外资进入（Chari and Gupta，2008）、政府的公共卫生支出（Bordignon and Turati，2009）、政治经济周期（Martinez，2009）、自我实现的政治预期（Frisell，2009）、政治分权与腐败（Fan，2009）、中国农业转型（Rozelle and Swinnen，2009）等等。尽管到现在为止还没有为广泛接受的理论体系，但目前所达成的共识是：无论过去、现在还是将来，政治一直都是决定经济资源配置的核心因素。

货币的控制与生产一直以来都是激烈的政治争论主题。中央银行的独立性对金融利益集团来说也是非常重要的。货币在真实世界的经济、政治问题中一直处于中心地位。货币问题总是如此频繁地成为现实世界中政治争论的前奏。最常见的货币政策的战略性最终目标，比如价格和货币稳定，通常是中央银行最重要的任务之一，也一直是学者和政策制定者争论的焦点。货币政策如何影响私人部门和企业的投资也是一个经常讨论的方面。在这些讨论中，货币政策的模型通常被简化。货币政策通常被描述为在同一时间内由中央银行完全控制下的单一的利率或货币总量，对私人部门经济的影响是决定性的。然而，在现实中实施的货币政策要复杂得多。

在货币政策的新政治经济学研究中，一般最受人关注的主题是通货膨胀—产出稳定的权衡、通货膨胀目标制、通货膨胀税和铸币税、政治经济周期（政策所导致的宏观经济变量比如产出、失业率和通货膨胀率波动）和中央银行的独立性及保守的中央银行行长等问题。新政治经济学在货币理论领域的研究成果也不胜枚举：汇率波动的分配效应（Tille，2006）、通货膨胀与收入不平等（Albanesi，2007）、理性预期条件下最优货币区的政治经济学（Ruta，2008）、铸币税的跨国比较（Aisen and Veiga，2008）、货币政策与分配（Williamson，2008）、通货膨胀的持续性（Cogley and Sbordone，2008）、反通货膨胀的政治制度和政治成本（Caporal and Caporal，2008）、汇率制度与经济增长（Hamers and Kretschmann，2009）、货币政策与社会福利（Paoli，2009）、外汇市场干预与政治经济周期的跨国比较（Dreher and Vaubel，2009）、外汇市场干预对社会福利的影响（Ho，2008）、收入最大化的通货膨胀税（Kimbrough，2006；Arseneau，2007）等等。艾芬格和格拉特斯（Eijffinger and Geraats，2006）、艾芬格和霍比里奇茨（Eijffinger and Hoeberichts，2006）、韦马克（Weymark，2007），斯潘杰斯（Spanjers，2008）、库奇尔曼（Cukierman，2008）、克洛维和米德（Crowe and Meade，2008）、科洛普和哈安（Klopmp and Haan，2010）等人的研究代表了中央银行独立性和货币政策透明度的最新进展。

货币政策的区域效应和行业效应在国外也广泛存在。杰等（Jr et al.，2008）调查了美联储和欧洲中央银行货币政策对各自地区经济差异的影响。迈克尔等（Michae et al.，2004）运用区域 VAR 模型进行研究，发现货币政策冲击在美国各区域间存在很大的差别。ECB 在执行货币政策面临成员国非对称货币政策传导冲击挑战，ECB 货币政策制定者在代表 EMU 整体利益做出货币政策决定时，会经常考虑对自己国家的影响，只有成员国经济发展是同步的，这种冲突才能避免。格罗吉奥普洛和贺贾兹（Gerogyopoulo and Hejazi，2009）分别从资本成本和信贷渠道两个角度研究了加拿大货币政策对其产业的影响，发现不同产业的企业对货币政策冲击的反应会因融资渠道不同而各异。

二、国内文献综述

由于自然和历史的原因,中国是一个地域经济发展不平衡,并具有典型的城乡二元结构的发展中大国。改革开放后,特别是20世纪90年代以后,地区经济差距更是逐步扩大,对经济、社会各方面的影响越来越大。因为经济结构和发展水平差异,金融机构和金融资源在地理上的集中,中央银行所实行的高度统一的货币政策,在各地区的执行过程中,在反应时间和时滞上存在显著差异,会产生不同的结果,会导致货币政策执行效果与目标不一致,降低了货币政策的有效性。可以说,在某种意义上,统一的货币政策是造成中国区域经济发展不平衡的一个重要原因,在一定程度上加剧了中国区域经济差距扩大的趋势。

货币政策传导机制的地区差别是造成货币政策执行效果差别的根本原因(焦瑾璞等,2006)。要提高货币政策的有效性,需要大力加强欠发达地区的金融生态环境建设,改善货币政策传导机制。从货币政策传导机制的角度分析,宋旺和钟正生(2006)得出结论,信贷渠道和利率渠道是导致中国货币政策区域效应的主要原因。张晶(2006)进行实证分析的结果表明,中国货币财政政策确实存在区域不对称效应,特别是货币政策,具有明显的区域影响差异。于则(2006)利用向量自回归模型和聚类分析讨论了货币政策的区域效应。

王剑和刘玄(2005)深入考察了货币政策的行业效应。测算了各行业响应政策冲击的速度和深度。针对行业自身的异质性,戴金平等(2006)发现每个行业对同一货币政策冲击的反应各异。徐涛(2007)发现1998~2004年中国货币政策存在明显的行业效应,行业效应与各行业的产品特征和对财务状况等因素有关。

由于新政治经济学对货币政策的研究范围十分广泛,而且涉及很多领域和主题,因此这里只给出一个简单的综述,针对具体主题的文献将陆续见于随后的章节中。

简而言之，货币政策是中央银行运用货币政策工具实现既定经济目标的过程。而货币政策调整对经济变量产生作用的程度、速度和方位取决于诸多因素的组合。当前一个重要的特征就是货币政策实施的约束条件越来越少，但与此同时，货币政策面临的挑战与操作难度也日益加大，而货币政策应对这些挑战的过程恰恰就是货币政策逐步完善和操作效率提高的过程。

第三节 研究内容和思路

在新政治经济学和货币经济学的最新理论进展上，从稳定、增长和分配三个角度研究当前中国货币政策最受关注的焦点，比如，保持宏观经济稳定，促进金融发展与经济增长，抑制通货膨胀，扩大就业，开放经济条件下的货币政策，人民币汇率制度改革等目标和结果的政治—经济权衡。

第二章从货币政策传导渠道的角度对货币与金融中介之间的关系进行探讨。分析了金融中介体系是如何作为货币政策传导的成本渠道发挥作用。由于中国金融的发展实际上是政府在对既得利益集团激励与抽租的权衡，压抑的金融体制下所造成金融资源配置的低效率是造成中国货币政策低效率的根本原因。

第三章分析了货币政策与经济增长之间的关系。鉴于因为存在利用货币扩张提高资本的相对回报和刺激资本形成进而带动经济增长的"托宾效应"，全世界没有一个中央银行会执行固定货币增长率的"弗里德曼规则"。中国中央银行货币政策的重心仍然是重点盯住货币供应量，通过货币扩张来促进真实和名义 GDP 的增长以及应对外来冲击的压力如通货膨胀和通货紧缩等。

第四章研究了以扩大就业为目标的最优货币政策。中国通货膨胀和失业表象背后更深层次的问题是分配的不平等，在名义刚性的假设下建立一个世代交叠模型，论证中央银行能否实行以就业为目标的最优货币政策。

第五章试图探究开放经济条件下基于不同目标的最优货币政策对中国经济会有什么影响。经分析发现货币政策制定者在面临开放经济条件下国内外最优资源分配的权衡时，浮动汇率制成为要稳定国内经济并能有效应对国内外冲击的独立和内向型货币政策的最优选择。

第六章就高利率捍卫汇率稳定政策进行了全面评价。考虑到无论是发达国家还是发展中国家，只要是实行固定汇率制或变相的固定汇率制，其货币都曾受到显著的投机攻击，而IMF应对货币危机的标准策略则是建议通过提高短期利率来维持货币稳定的现实。但中国的高利率政策是汇率波动率增加的重要原因。最后通过GARCH模型预测人民币汇率波动率并与历史数据相比较发现，当高利率使经济增长放缓甚至衰退，维持汇率稳定的可信度下降时，投机者就极有可能会发动对人民币的投机攻击。如果中央银行无法承受投机压力，最后将不得不放弃现有的汇率制度转而实行浮动汇率制。

最后分别针对当前宏观经济形势、治理通货膨胀，投机压力三个方面的货币政策的政治—经济权衡进行分析和讨论。认为目前的货币政策面临多重困境，现有的汇率制度也限制了中国经济应对内部和外部冲击的能力，使中央银行丧失了国内货币政策的独立性。中央银行应该尽可能地保留对货币政策的主权和控制权，以便按照国内政策偏好来制定利率。一个设计正确的利率体系能实现很多政策目标包括保持汇率稳定。由于浮动汇率制能减少本国经济应对外部冲击的脆弱性和降低外部危机的可能性，而且实现的成本相对较低。因此更为可行的合理货币政策规则应该是通过逐渐放宽汇率波动区间和随机干预相结合的办法来有步骤地实现浮动汇率制，并将实际利率维持在一个较低但仍为正的水平上。

第四节　研究方法与主要创新

一、研究方法和创新之处

本书在已有的理论基础上坚持宏观分析与微观分析相结合，规范分析与实证相结合对传统理论和模型进行修正和拓展，运用于本书的分析研究之中。除了传统的定性定量分析之外，大量使用模型如世代交叠（OLG）模型、动态随机一般均衡模型（DSGE）和GMM、VEC、Granger因果检验、GARCH等计量经济学方法进行理论与实证分析相结合。在充分吸收前人研究成果的基础上，在以下方面有所创新：

（1）引入货币政策传导的"成本渠道"概念，建立一个基于新凯恩斯主义商业周期理论和价格刚性假设下的模型，进一步分析金融中介体系作为成本渠道在货币政策传导中通过总供给对宏观经济产生的影响。

（2）创新性地提出"激励与抽租的权衡"观点，根据新政治经济学的理论分析构建模型来论证压抑的金融体系和成本渠道的存在是导致中国货币政策的区域、行业效应以及低效率的根本原因。

（3）鉴于全世界没有一个中央银行在执行弗里德曼规则的事实，建立一个扩展的内含资本的世代交叠模型进行分析，证明即使最优货币增长率存在，弗里德曼规则也不是最优而是次优的，"托宾效应"总是具有可行性。

（4）在名义刚性的假设下建立一个世代交叠模型来论证中央银行能否实行以就业为目标的最优货币政策。

（5）通过模型分析更加浮动的汇率制度对中国货币政策和实际经济会有什么影响。结果表明，浮动汇率制成为货币政策制定者要稳定国内经济并能有效应对国内外冲击的独立和内向型货币政策的最优选择。

（6）通过建立非线性模型分析及实证检验来证实高利率会导致高汇率波动率，中国的高利率政策是汇率波动率增加的重要原因。最后通过GARCH模型预测人民币汇率波动率并与历史数据相比较探探讨了发生投机攻击的可能性，并有针对性地提出了政策建议。

二、不足之处

当然，限于时间、数据的可得性和可信性以及货币政策的复杂性，论文不足之处在所难免。比如没有更多地使用计量经济学的最新进展如最大熵法对中国通货膨胀与失业的严重程度做实证分析。也没有使用相关数据对中国货币政策传导的成本渠道存在及具体影响做计量检验。对金融体系激励与抽租的权衡也仅仅停留在模型的理论分析而没有做空间面板数据回归和具体估算两者间的权衡对经济发展的影响的程度。因而很可能影响研究结果的实用性。这些都将在以后的研究中逐步改进和完善。

第二章

成本渠道和激励与抽租的权衡

货币与金融是经济活动演化的产物及重要组成部分,其发展从来就离不开特定的经济环境,也不可能独立存在。但是,货币与金融却对经济活动本身能产生非常重要的影响。随着经济活动规模日益扩大,货币与金融成为经济运行的枢纽与经济发展的核心要素,并且是一国经济能否平稳运行的关键①。经济活动中的就业、产出以及整个社会报酬结构的形成,最终也将依赖货币的收入与支出来实现。总而言之,货币、信用创造及取得金融资源的成本是整个经济运行中的一个不可或缺的重要组成部分。在市场经济条件下,经济越发达,越需要货币与金融中介,越需要金融的发展。

尽管正统的经济理论一直都存在忽视货币与金融因素在经济产出决定中重要性的倾向,多数金融理论者也都坚持认为,现代金融理论是一门仅依赖于可观测事实的客观科学,是纯技术性的,不做任何关于道德、伦理的价值判断,只关心方法和手段,而不关心目的。但在一定的反省之后,却发现没有价值观的金融是不可能的,货币与金融从来都是经济学的重要组成部分。缺少货币与金融分析的经济学,不论是宏观还是微观,都必然是不深入和不完整的。经济系统中的货币和金融中介是每个国家社会、政治和经济体制的一部分,是经济运行机制和政策传导过程的重要组成部

---

① 伊藤·诚、考斯达斯·拉帕维查斯:《货币金融政治经济学》,经济科学出版社2001年版。

分，使经济联结成一体，并成为政府对经济进行宏观调控的影响渠道。货币理论也不可能在没有金融中介的条件下被单独地构造出来。

现实中的中央银行并不能直接控制所有的短期市场利率，而是通过操控一些货币市场工具来直接影响经济活动。短期利率也并不总是货币政策中最重要的影响因素，反而是长期利率在其中发挥关键作用。因此，中央银行的货币政策是比较间接地影响企业和私人部门，金融部门反而在其中发挥着核心作用：中央银行的货币政策工具改变金融中介机构和金融市场的预期和行为。了解这一过程对理解货币政策对实际经济变量的影响至关重要，金融中介体系不仅是货币政策传导的信贷渠道而且还是非常重要的成本渠道。货币与金融政策的内在波动性对于中低收入阶层和社会弱势群体生活改善的影响也不容忽视。一个被压抑的金融体系往往是导致货币政策低效率的关键原因。

第一节 货币政策传导成本渠道的模型

为揭示货币政策影响实体经济的具体传导渠道，不同学派的经济学家提出了大量的理论模型并进行实证检验。在货币政策的传导渠道中，最早出现的是由IS—LM模型发展而来的利率渠道。由于利率渠道不能解释产出波动，信贷渠道、资产价格渠道、汇率渠道等也陆续进入研究的视野。主流观点认为这些都属于需求型的传导渠道，货币政策主要通过改变利率来影响家庭与企业的储蓄和投资决策，进而影响总需求。但为什么货币政策冲击减少了总需求却没有使企业降低产品的价格？传统理论和模型则很难解释。近年来，作为研究货币政策传导渠道机制演化的最新理论成果，成本渠道存在与否，及其在货币政策通过总供给对经济产生影响的过程中所发挥的作用，越来越受到经济学家的特别关注。

一、成本渠道的基础理论

货币政策对价格究竟有什么样的影响？传统的观点认为紧缩性的货币政策会带来产出和通货膨胀的下降。然而，大量的实证却发现事实并非如此。在研究货币政策冲击的文献中，最具争议性的经验发现之谜之一就是"价格之谜"，即尽管持续的时间比较短而且在统计上只有勉强的显著性，紧缩性的货币政策通常导致价格水平的升高而不是下降。对此通常有两种解释：一是货币政策冲击中未预料到的部分没有得到有效测度；二是货币政策传导的"成本渠道"效应。前者的理由是目前广泛使用的 VAR 分析不能准确地度量和估计货币政策中的前瞻性变量。后者则认为不存在方法论上的问题，相反地，在受到货币政策冲击后，正是成本渠道的存在才导致价格或通货膨胀与名义利率同向变动。

在传统的凯恩斯主义框架下，货币政策分析一般都注重于价格刚性及货币政策对总需求的影响，对总供给的影响则一直被忽略，直到最近才重新引起重视。布鲁克内尔和沙贝特（Bruckner and Schabert，2003）把运营资本引入一个四部门经济模型进行分析，结果发现名义利率进入总供给曲线，其变化显著影响着企业的借贷成本和边际成本，虽然可以通过积极的利率政策来执行货币政策，但这样会产生多重均衡。在一个动态随机一般均衡（DSGE）模型中，克里斯蒂亚诺等（Christiano et al.，2005）将成本渠道纳入总需求的框架内展开分析，发现其可以解释货币政策冲击对通货膨胀惯性和产出持续性的影响，通过实证分析也发现美国的货币政策操作的确通过总供给对经济产生显著影响。

巴斯和拉梅（Barth and Ramey，2001）最早提出了"成本渠道"，即在卖掉产品获得收入前，如果企业要从金融中介借入资本为生产要素融资和支付工资，那么，名义利率进入生产函数并影响企业的生产和定价，最终会影响到产出和通货膨胀。除了传统的总需求渠道外，货币政策还会通过产出成本对经济产生影响。虽然提高短期利率的紧缩性货币政策可以通过减少总需求来降低通货膨胀,但企业的借贷成本也会因利率上升而增加。于是,企业在定价时会考虑借贷成本并提高产品价格来抵消通货膨胀的影响。货币政策的冲击通过成本渠道放大,高利率会转换成高生产成本,最后会导致成本推动型的通货膨胀。如果运营资本是企业生产和分配必不可少的一个组成部分,那么紧缩性的货币政策会与影响总需求一样通过总供给影响总产出。利率和信用约束不仅决定了企业的长期生产能力(固定资产投资),还影响了企业的短期生产能力(运营资本的投资)。

在传统宏观经济理论和政策实践中,货币政策通常被视为需求管理政策。实际上,货币政策通过调节利率,既影响总需求也影响总供给。比如,降低利率可以扩大投资并增加总需求,同时也降低了资本的使用成本和企业的生产成本,通过改变生产者的激励约束来影响总供给,可以更有效地影响经济周期。

二、成本渠道的微观基础

过去,研究货币政策传导机制的文献都假设中央银行在任何时刻都能支配流通中货币的确切数量。然而,新凯恩斯主义和其他非主流的经济学家,都认为中央银行不能完全控制货币供给,并强调利率对信贷的影响。由于"金融加速器"是影响经济周期的决定性因素,即使很小的货币政策冲击通过金融中介的放大也会导致经济的强烈反应,短期利率的微小变动也会引起经济总量的巨大变化。

利率传递的不完全程度会分别因以银行和以市场为主导的金融中介体系而不同,成本渠道便赋予金融中介在货币政策传导中的核心作用。胡瑟维格等(Hülsewig et al., 2009)用一个新凯恩斯动态随机一般均衡模型探讨了银行作为货币政策传导渠道所发挥的作用。在一个垄断竞争的环境里,假设只有部分银行根据利率变化逐渐调整贷款利率与之相一致,这即意味着贷款利率对货币政策冲击的反应是黏性的,融资成本是影响价格变化的重要因素。贷款市场的分割和摩擦会导致货币市场利率变动到贷款利率的不完全传递，成本渠道的传递效果会因银行通过平滑贷款利率而使企业免受货币政策冲击的影响而减轻。银行的行为抑制了对货币政策冲击的中性传播，利率的不完全传递帮助解释了通货膨胀对货币政策冲击的滞后调整，影响了货币政策冲击的传递效果。

在价格刚性的假设下，卡夫曼和沙尔勒（Kaufmann and Scharler, 2009）建立了一个经过校准的新凯恩斯经济周期递归模型，并试图探讨金融中介作为货币政策传导成本渠道发挥的作用及对结果的定量影响。成本渠道依附于传统的总需求渠道——利率渠道和信贷渠道而存在，并对最优货币政策执行的结果有非常重要的影响。

货币政策会影响企业的融资需求。在货币紧缩时期，企业投资对现金流的敏感性和弹性都会增加，受融资约束的企业对现金流的敏感性比不受约束的企业更高。货币紧缩会对依赖于从金融中介融资的大多数中小企业产生巨大的负面影响，高利率会增加企业的债务成本，恶化企业的资产负债表状况，侵蚀现金流，使担保贬值和外部融资溢价并挤出企业的融资需求，最终通过影响企业的净值来影响企业的支出、投资和定价。因此，企业不得不将信用条件作为边际生产成本来考虑并与产品定价决策相联系。企业借入运营资本的能力是制约成本渠道发挥作用的重要因素，成本渠道会随着金融市场的发展而演化。

三、成本渠道对货币政策理论的冲击

目前，新凯恩斯主义模型逐渐成为货币政策的标准理论分析框架，现有研究成本渠道的方法和模型都是由其发展而来的。名义刚性或黏性是成本渠道理论成立的基本前提假设，这是因为，如果价格和资产组合能迅速调整，那么货币政策对利率没有初始影响，以至于总需求和总供给不会有什么变动。要想研究货币政策工具对真实经济变量的影响，就必须假设工资和价格刚性或黏性，就样可以解释货币政策如何通过改变利率来影响消费和投资。总的看来，不同学派的经济学家都或多或少同意货币政策在短期因名义刚性而非中性。

理论上，成本渠道的存在对中央银行货币政策的决策和执行有着重要参考价值，宏观经济稳定政策的实际效果也因成本渠道的大小而相对有效。在价格刚性的现金先行约束假设下，拉文纳和瓦尔什（Ravenna and Walsh，2006）推导了存在成本渠道时中央银行的福利损失函数，从而在一个形式化的一般均衡模型框架下考察了货币政策冲击对消费的边际效用和政府支出的影响。他们发现不能拒绝存在成本渠道的假设，成本渠道在决定价格和产出变化中起着显著的作用。当企业的边际成本直接取决于名义利率时，成本渠道必然存在。如果成本渠道存在，那么内生的成本推进型通货膨胀也会出现，其对经济的任何冲击，如对生产率、政府支出、偏好等的冲击，都会导致中央银行在执行最优货币政策时面临稳定通货膨胀和产出缺口之间的权衡。在拓展拉文纳和瓦尔什（2006）的模型的基础上，李奥沙和图斯塔（Liosa and Tuesta，2009）在一个适应性学习的理性预期均衡的新凯恩斯分析框架内，研究了货币政策的确定性和理性预期均衡的稳定性，发现传统的泰勒规则可能具有误导性，以预期为基准的货币政策反应函数并不总能确保结果的确定性和预期的稳定性，成本渠道的存在增加了执行不同货币政策规则的不确定性和不稳定性，加强中央银行执行最优货币政策承诺的可信度反而是一个可行的办法。

为探讨成本渠道和货币政策规则之间的动态关系，在一般均衡理论的框架下，为研究怎样才能保证均衡的确定性，苏里科（Surico，2008）建立了一个扩充了成本渠道的标准黏性价格模型，并进行数值模拟发现：无论是前瞻、后顾还是当期型的货币政策规则，在扩充了成本渠道的总需求和总供给模型中的模拟结果都是稳健的。边际成本不仅仅是产出缺口的函数，而且还是名义利率的函数。如果中央银行试图对产出缺口做出反应，那么就会产生多重均衡。当成本渠道效应在统计上显著时，试图限制实体经济的周期波动则会导致不必要的通货膨胀和产出波动率增加。

在新凯恩斯主义经济周期理论的框架内，学者们也对成本渠道的作用进行了激烈的探讨。拉巴纳尔（Rabanal，2007）建立了一个基于贝叶斯路径的动态随机一般均衡模型,在名义和真实刚性的假设下探讨了成本渠道存在的重要性。与主流观点相反的是,在一定的条件下,货币政策对需求的影响主导着其对供给的影响,紧缩性货币政策增加了用于生产的单位劳动成本。在遭受货币政策冲击后,通货膨胀和利率同向变动。因此,政策制定者没有必要太关注实行紧缩性货币政策后会导致短期通货膨胀上升。

当中央银行在不确定条件下设计货币政策模型时,蒂尔曼(Tillmann,2009a,2009c)认为引入成本渠道有着重要的政策意义。当货币政策模型存在不确定性和面临外部冲击和扰动时,追求稳健型货币政策的中央银行要最小化对经济的最大损害,就不得不加大调整利率的力度,实行扩张性的货币政策。成本渠道的存在削弱了调整利率应对冲击的有效性,抵消了积极的货币政策的实际效果,从而也降低了货币政策承诺的可信度。

因为中央银行的目标函数和通货膨胀的调整机制是决定货币政策制定的关键因素,成本渠道的存在从许多方面改变了过去标准的最优货币政策结论。比如,货币政策为了通过利率的变动来应对生产率冲击和需求扰动,产出缺口和通货膨胀都被不得不被允许产生波动。无论中央银行怎样试图实现谨慎或有承诺的货币政策,可信才是最优的货币政策。

四、成本渠道存在的实证检验

为了证实成本渠道不仅仅只是一个理论上的推测,学者们分别从企业、行业和宏观层面上做了大量的实证来证明成本渠道的存在,尤其以宏观层面上居多。

巴斯和拉梅(Barth and Ramey,2001)同时使用美国的行业数据,如行业产出价格、行业工资和宏观经济数据等进行 VAR 分析,发现了支持成本渠道作为解释价格之谜成因的证据。美国的货币政策存在显著的成本渠道效应,在货币紧缩时期,与模型中所推导出的供给冲击一样,许多行业都表现出产出下降和升高的价格—工资比率。即使把商品价格引入到样本数据内,结果也是稳健的,并且成本渠道效应在 1959~1979 年之间比

1983~1996年之间要显著得多。克里斯蒂亚诺等（2005）也得出同样的结论。贾奥蒂和赛科奇（Gaiotti and Secchi，2006）利用时间跨度长达14年的2 000家意大利制造业企业的大样本面板数据进行GMM回归，发现企业的定价行为对成本渠道存在和货币政策通过总供给对经济产生影响给出了直接和充分的支持证据。

乔杜里等（Chowdhury et al.，2006）通过建立一个混合的结构化新凯恩斯Phillips曲线来检验和估计了G7国家成本渠道与通货膨胀之间的动态相关性。实证结果表明，法国、意大利、英国和美国存在显著的成本渠道效应，而德国和日本这种金融中介部门被严格监管和竞争性不强的国家则存在但并不显著。在美国和英国这种高度竞争的金融市场中，货币政策冲击由成本渠道迅速地传递到企业取得运营资本的成本上，通过利率变化来遏止通货紧缩的效果因成本渠道而削弱，产出减少的作用反而被增强。这也许是分别以市场为主导和以银行为主导的金融体系结构对货币政策操作和执行效果的直接不同影响。为试图解释欧元区的"价格之谜"，亨泽尔等（Henzel et al.，2009）用最小路径法估计了欧洲大陆国家的成本渠道，发现在某些参数限制下，使用现有数据进行的计量分析不能拒绝成本渠道在货币紧缩后使通货膨胀升高的假设。卡夫曼和沙尔勒（2009）发现成本渠道在美国和欧元区国家的确存在，但影响有限。欧元区的利率传递比美国的要快而且更完全，一个主要的原因便是金融中介体系的不同结构。蒂尔曼（2008）在一般均衡的框架内用最小路径法对前瞻性Phillips曲线的进行估计，发现利率的现值显著影响着通货膨胀的动态变化，成本渠道的存在加强了对美国、英国和欧元区国家通货膨胀变化特别是在高通货膨胀期间的解释力，以往的标准新凯恩斯主义模型则无法解释这一点。蒂尔曼（2009b）通过对一个扩展的新凯恩斯Phillips曲线的GMM滚动窗口估计，研究了美国成本渠道的时变动态性质。与巴斯和拉梅（2001）得出的结论相一致，成本渠道效应在美联储前主席沃尔克（Volcker）任职以前明显，在沃尔克·格林斯潘（Volcker - Greenspan）时期则没有那么显著，但最近重新恢复其重要性。出现这种现象的原因是：一是沃尔克·格林斯潘时期内金融创新和金融监管的放松使运营资本的可获得性增加；二是因为布雷顿森林体系瓦解，美国转向浮动汇率制，货币紧缩使汇率升值，企业通过进口重要原料可以减轻成本上升的压力；三是在沃尔克任职前中央银行可以直接限制商业银行贷款的总量。

总的说来，货币政策传导机制中成本渠道的存在已被大量的实证证据所支持，但实证的研究对象都是发达国家，发展中国家是否存在成本渠道还有待检验。

近年来，许多国家的央行都提高利率来主动防止通货膨胀上升。为了使货币政策获得成功，中央银行必须准确和综合评估货币政策对总需求和总供给的具体影响和有效时间。成本渠道的存在并不是要否认货币政策对总需求的影响，而是要说明无论在短期还是长期，货币政策通过总供给同样对经济产生重要影响。中央银行在制定货币政策时都会权衡其对经济产生的冲击，但对总供给的影响一直被忽视，考虑成本渠道效应下的宏观经济稳定政策也似乎是相对有限的。

货币政策的传导机制可能不是一成不变的，其演化究竟是渐进还是突变？通过各种传导渠道执行的货币政策与最基本的公开市场操作有什么不同之处，对经济会产生什么样的冲击及最终结果如何？这些基本问题都还没有被很好的理解。但可以确定的是，成本渠道在货币政策传导中的作用不可忽视，正逐渐成为构建宏观经济一般均衡模型的一块重要基石。

五、成本渠道的模型分析

在此建立一个基于新凯恩斯主义商业周期理论和价格刚性假设下的DSGE模型，用来分析金融中介体系在作为货币政策传导的成本渠道中发挥的作用。

1. 家庭部门

在生存周期内，家庭部门最大化自己的效用 $E_0 \sum_{t=0}^{\infty} \beta^t \left(\frac{C_t^{1-\sigma}}{1-\sigma} - \frac{L_t^{1+\eta}}{1+\eta} \right)$。这里 β 是折现因子；C_t 是家庭部门在第 t 期时消费的一系列商品的组合，$C_t(i)$，这里 $i \in (0,1)$，$C_t = \left(\int_0^1 C_t(i)^{\frac{\varepsilon-1}{\varepsilon}} di \right)^{\frac{\varepsilon}{\varepsilon-1}}$；$L_t$ 表示在第 t 期时的劳动供给；总价格指数为 $P_t = \left(\int_0^1 P_t(i)^{1-\varepsilon} di \right)^{\frac{1}{1-\varepsilon}}$，这里 P_t 表示商品 i 的价格。

在每期持有名义资产 A_{t-1} 的基础上，家庭部门决定消费和储蓄。金融资产的持有形式分为两种：金融中介的存款 D_t 或企业发行的债券 B_t。存款的收益率为 $R_t^D = 1 + r_t^D$，债券的收益率为 $R_t^B = 1 + r_t^B$。此外，家庭部门在名义工资 W_t 下提供 L_t 单位的劳动。由于现金先行（cash in advance）约束，金融市场的交易必须在家庭部门进入商品市场前完成。因此，家庭部门所要面临的约束就可以表示为：$P_t C_t \leq A_{t-1} - D_t - B_t + W_t L_t$。具有代表性的家庭部门拥有企业和金融中介，并收取股息。家庭部门持有的名义资产为：$A_t = A_{t-1} + W_t L_t + r_t^D D_t + r_t^B B_t - P_t C_t + \Pi_t$，这里 Π_t 是在第 t 期末分发的股息。家庭部门效用最大化的对数线性约束条件就变成：

$$\hat{C}_t = -\frac{1}{\sigma}(\hat{R}_t - E(\hat{\Pi_{t+1}})) + E_t(\hat{C}_{t+1}) \quad (2-1)$$

$$\hat{W}_t - \hat{P}_t = \eta \hat{L}_t + \sigma \hat{C}_t \quad (2-2)$$

$$\hat{R}_t^D = \hat{R}_t^B \quad (2-3)$$

带^号的变量表示相对于稳定状态偏离的百分比，$\pi_t = \log P_t - \log P_{t-1}$ 是通货膨胀率。式（2-1）是一个标准的欧拉方程，式（2-2）是劳动供给方程，式（2-3）代表的是存款和债券回报的套利关系。

2. 企业部门

每个企业 $i \in (0,1)$ 都要雇佣劳动 H_{it} 来生产有差异的商品。根据 $Y_{it} = H_{it}^{1-\alpha}$，这里 $\alpha \in (0,1)$。假设劳动者在生产前获得报酬，即企业必须先雇佣劳动并支付工资。在经济体系中有一部分企业可以通过银行来融资，假设一部分 λ 企业不能直接从金融中介体系中获得贷款，在区间（0，λ）内的企业不能直接发行债券而必须从金融中介贷款。

企业对商品的最终定价取决于企业是否能够直接发行债券或直接从金融中介贷款。让 R_t^L 表示银行贷款的利率，最优化条件为：$R_t^L \frac{W_t}{P_t} = mc_t^F (1-\alpha) \frac{Y_{it}}{H_{it}}$，依赖银行贷款的企业在区间（0，λ）；$R_t^B \frac{W_t}{P_t} = mc_t^B (1-\alpha) \frac{Y_{it}}{H_{it}}$；发行债券的企业在区间 $i \in (\lambda, 1)$。这里 mc_t^F 和 mc_t^B 分别表示依靠银行贷款企业和发行债券企业的所面临的边际成本。

在这里，假设比例为 $1-\theta$ 的两种企业可以调整他们的价格，只有比例为 $1-\omega$ 的两种企业可以在当期决定价格和根据最优化条件重新定价。剩下的企业只能执行尾随型的定价规则：$\hat{P}_t^b = \hat{P}_{t-1}^* + \pi_{t-1}$，$\hat{P}_{t-1}^*$ 表示平均价格水平。总价格水平根据 $\hat{P}_t = \theta \hat{P}_{t-1} + (1-\theta) \hat{P}_t^*$ 变化，让 $\hat{P}_t^F$ 表示从金融中介体系贷款融资的企业设定的商品价格，$\hat{P}_t^B$ 表示通过发行债券来融资的企业设定的商品价格。于是，可以得到：$\hat{P}_t^* = (1-\omega)(\lambda \hat{P}_t^F + (1-\lambda) \hat{P}_t^B) + \omega \hat{P}_t^b$。

综合这些企业定价行为，可以给出：

$$\hat{\pi}_t = \delta \hat{mc}_t + \beta \theta \phi^{-1} E_t \pi_{t+1} + \omega \phi^{-1} \pi_{t-1} \quad (2-4)$$

这里可以给出，$\delta = \frac{(1-\theta)(1-\theta\beta)(1-\alpha)(1-\omega)}{1+\alpha(\varepsilon-1)}$，$\phi = \theta + \omega(1-\theta(1-\beta))$。并且，$\hat{mc}_t = \hat{mc}_y^F + (1-\lambda) \hat{mc}_t^B$ 表示对总边际成本相对稳定状态偏离的百分比。

3. 金融中介

金融中介向那些无法发行债券的企业提供贷款，并用存款作为投入来创造贷款：$L_t = \psi D_t$，这里 $\psi \in (0,1)$ 表示从存款转换为贷款的比例。即使存款数量没有增加的情况下，金融中介还可以在利率上升的时候增加贷款。特别的，可以假设 $\psi_t = \psi_0 \left(\dfrac{R_t^L}{R_{t-1}^L v} \right)$，这里 ψ_0，$\psi_t > 0$，v 代表历史贷款利率。在给定的 $R_t^L L_t - R_t^D$ 约束下，存款和贷款的选择取决于 $L_t = \psi_0 \left(\dfrac{R_t^L}{R_{t-1}^L v} \right)^\psi D_t$。金融中介部门要实现利润最大化，其利润的对数线性近似可以给出：

$$\hat{R}_t^L = \frac{1}{1+\psi}\hat{R}_t^D + \frac{\psi v}{1+\psi}\hat{R}_{t-1}^L \quad (2-5)$$

4. 对数线性模型

稳定状态的对数线性近似模型的下动态均衡可以由下式给出：

$$\hat{Y}_t = -\frac{1}{\sigma}(\hat{R}_t^B - E_t(\hat{\pi}_{t+1})) + E_t(Y_{t+1}) \quad (2-6)$$

$$\hat{\pi}_t = \delta\lambda\hat{R}_t^L + (1-\lambda)\hat{R}_t^D + \delta\gamma\hat{Y} + \beta\theta\phi^{-1}E_t\hat{\pi}_{t+1} + \omega\phi^{-1}\hat{\pi}_{t-1} \quad (2-7)$$

$$\hat{R}_t^L = \frac{1}{1+\psi}\hat{R}_t^D + \frac{\psi v}{1+\psi}\hat{R}_{t-1}^L \quad (2-8)$$

这里，$\gamma = \dfrac{1+\eta}{1-\alpha} - 1 + \sigma$。考虑到利率的传递效应，如果 $\psi = 0$，就是完全的传递效应，$v = 0$ 则意味着贷款利率没有持续性。

最后，在模型中加入利率规则来描述中央银行的行为。因为存款利率最接近于货币市场利率，因此让其代表政策控制变量为。

$$\hat{R}_t^D = \rho\hat{R}_{t-1}^D + (1-\rho)(k_\pi\hat{\pi}_t + k_y\hat{y}_t) + u_t \quad (2-9)$$

这里 ρ 决定了货币政策惯性的程度，k_π、k_y 分别表示货币政策对通货膨胀和产出的反应程度，u_t 是期望值为零，连续和独立的货币政策冲击。

5. 模型分析结果

从模型的分析可以了解到，作为货币政策传导成本渠道的金融中介体系对货币政策执行效果的定量影响。在一个高效的金融中介体系中，货币政策对产出和价格的冲击及对生产的直接成本的影响是直接的。虽然在某种程度上成本渠道的存在影响通货膨胀的动态路径，但模型的分析结果认为在对直接成本的影响上，金融中介体系的作用和利率变动的影响是一致的。在低效率的金融体系中，成本渠道同样发挥着重要作用，但相对要弱一些。

第二节　中国金融发展的不平衡

各国的经济实践早已证实，金融发展和经济增长是高度正相关的。尽管存在着大量的文献能证明金融发展是经济增长的关键性决定变量，而且金融发展可以有效分配资源，改善公司治理，减少风险，降低信息成本和交易成本，增加储蓄并促使其向投资转化，减少贫困，提高人均收入，加速实物资本的积累和提高经济效率，促进经济发展和增长等诸多好处，但金融压抑仍然是发展中国家的普遍宏观经济现象。为什么还有如此多的国家没有建立完善和发达的金融体系？这其中的一个主要原因是政府和既得利益集团为维护既得利益，而阻碍金融发展。

在发展中国家，政府在经济中起着主导作用。这个作用不仅仅是通过非金融性的公共部门活动，还通过包括中央政府、地方政府所拥有的金融机构来实现。发展中国家的长期经济增长受到那些资源扭曲配置制度的限制，这些限制的目的在于将资源导向政府希望其所在的部门和行业。资产的缺乏、金融工具的单调、对金融创新的抑制、金融中介机构多元化程度的微弱以及政府广泛干预的存在，再加上非正式金融部门的出现，使得金融发展并没有有效促进经济增长。

就全球范围来看，金融是受到管制最多的部门。银行国有化的负面作用也会阻碍金融业发展，从而减缓经济增长。尽管国有金融机构效率低下，却使政府能够控制资金用途，这样政府就有很强的动机来建立和支持国有银行，最大化自己的权力。金融业的既得利益集团也有压抑金融体系发展的动机。

中国是一个转轨与转型经济并存的发展中国家。尽管最近十几年中国已经发展出较大的资本市场，但占金融业总量的比例仍然较小。中国的资本市场相对比较年轻，在很多方面表现出不成熟和不完善。例如，资本市场产品品种极少；衍生金融产品市场缺失；没有相应的风险规避工具；市场整体规模不大，不能完全满足资本的需求；中介服务机构业务水平和经营理念落后，竞争力低下；市场运作不规范，违规操作较多，黑幕频传；监管相对落后，法律法规不健全；债券、股票等的发行仍由政府决定和控制。中国的金融业仍然处于发展的初级阶段，金融市场被商业银行所主宰，金融体系规模同整个国民经济总量相比较小，其他类型的专业化金融机构在金融中介服务业中占的比重很小，而且在地理上也比较集中。

金融管制机构也会追求自身权力和影响力的最大化，并且必然伴随着设租、寻租和抽租。管制者也会寻求满足执政党的偏好，追求连选连任或晋升。社会福利最大化的路径与政府管制收益的动态最优路径也可能不一致。实际上，管制者往往无法掌握所管制行业中的许多重要信息，更无法直接进行有效管制。这种信息不对称通常会不可避免地出现租金与效率的权衡取舍问题。

一、城乡金融发展差异

中华人民共和国成立初期，在严峻的外部条件下，为使中国走向工业化和现代化之路，把工业而不是农业看作实现经济增长的工具，政府压低农产品价格，维持较大的工农产品价格"剪刀差"，用高度集中的、以指令计划为手段的资源配置方式，把资源优先用于发展重工业，为工业化提供资本积累，即用扭曲产品和生产要素价格，采用高度集中的计划经济制度，以及没有自主权的微观经营机制等来控制所有重要战略资源。这种方式抑制了农业和轻工业的发展，形成了和其他发展中国家一样的城乡二元经济结构，导致普遍存在的农村金融压抑，造成了城乡金融差异的现实。林毅夫和余淼杰（2009）对中国的价格剪刀差进行估算表明：在政府的目标函数中，农民的权重小于工人，农民福利的权重也小于资本积累的权重。尽管早在20世纪90年代早期，工农价格"剪刀差"就因社会主义市场经济体制的建立而被放弃，但今天仍然存在的各种价格管制，虽然在形式上有所不同，但还是有殊途同归的效果。

农村正规金融组织由于受体制以及经营方面的种种限制，金融机构数量少，金融业务和服务品种单一，创新滞后，严重影响农村金融业务的发展和服务水平的提高。无论在资金供给还是在服务方式上，都无法满足农村经济生活中日益多样化的资金需求。此外，资金外流也直接影响了农村经济发展。金融压抑成为农民增收的"瓶颈"之一，并伴随着巨大的福利损失（刘福毅和邹东海，2004；苏士儒等，2005）。

中国农村金融体系存在问题的根本原因是政府办金融以及过度管制。这导致农村金融市场缺乏活力，在组织体系、产权模式、服务方式以及监管政策等方面不适合农村特点。因此，必须健全农村金融体制，提高农村金融体系效率以引导农村生产方式的转变，减少农民的福利损失（李勇等，2005；中国人民银行武汉分行课题组，2005；李锐和朱喜，2007）。农村正规金融对农村经济增长的支持力度必须达到一定临界水平才实现二者的良性循环（龙海明和柳沙玲，2008）。

尽管城乡金融差异问题一直以来都在金融改革中处于最为突出的位置，但与此同时，目前仍有源源不断的资金从农村大量流出到城市。中国金融资源配置的城市化倾向和农村金融资源的外流，是过去几十年政府一直执行的抽取农村资源来激励城市化和工业化发展战略的必然结果。这一现象在短期内恐怕不会有很大改变。

二、金融发展的地区差异

中国各地区金融发展水平的差异是非常明显的。金融资源在东、中、西部各省的分配水平极不平衡。全国的资金交易中心、证券交易所、商品期货交易所、外汇交易中心、黄金交易中心、四大国有商业银行的资金清算中心、金融机构分布的密度等在地理上也比较集中（中国人民银行成都分行金融研究处课题组，2004；王满仓等，2005；赵志华等，2005；辛珣等，2005；中国银行业监督管理委员会湖北监管局课题组，2006；杨胜刚和朱红，2007；王纪全等，2007；中国人民银行银川中心支行课题组；2007）。在差距不断拉大的条件下，促进区域经济和金融的协调发展显然势在必行（张企元，2005）。

在中国经济转轨时期，政府对区域金融发展差异的形成具有关键性影响。中央政府金融制度安排的区域差异和地方政府不同经济发展政策所造成的区域经济环境差异，成为区域金融差异形成的根本性原因（崔光庆和王景武，2006）。李敬等（2007）认为中国各省区市间经济地理条件、国家制度倾斜、人均受教育年限、商品交易效率与金融交易效率等方面的差异是形成区域金融发展差异的主要原因。中西部地区要缩小与东部地区经济增长的差距，当地的金融中介机构必须调整贷款结构，扩大对非国有经济的贷款规模（周永好和钟永红，2004）。

简单地说，改革开放初期，中国采取优先发展沿海地区经济，再试图以区域经济发展带动全国经济发展，并在制度和政策上有所倾斜，促使金融资源也不断地从内陆地区流出而激励了沿海地区的经济发展。沿海地区的发展反过来又吸引了金融资源的涌入，改革和发展的收益并没有在不同地区之间公平分享。

三、金融发展与经济增长

金融发展与经济增长是经济学领域里一个长盛不衰的话题。在全球金融一体化的趋势下，金融发展与经济增长之间呈现出一种非线性的关系（Shen and Lee，2006；Masten et al.，2008）。理论上，通过金融发展和经济增长之间的非线性作用机制，金融发展的微小变化也能对经济增长有显著影响。最近几年涌现出一系列研究金融发展与经济增长关系的文献，比如：金融发展可以促进贸易自由化（Braun and Raddatz，2008）、金融发展差异与国际贸易中的比较优势（Do and Levchenko，2007）、降低收入不平等（Classens and Perotti，2009；Beck et al.，2007）、金融发展和全球化（Mishkin，2009）、金融发展与经济开放度（Baltagi et al.，2008）、金融发展与资本的分配效率（Abiad et al.，2008）、金融发展与公共债务（Hauner，2009）、金融发展对中小企业的影响（Beck et al.，2008）、金融发展和腐败控制（Christian et al.，2008）等等。两者之间关系的实证研究已经从原来的跨国比较向更大的范围如产业和企业间的对比转向（Federici and Caprioli，2009）。

中国金融的发展的确促进了中国经济的发展。熊鹏和王飞（2007）探讨了金融发展对经济增长的内在传导机制。包群和阳佳余（2008）发现金融发展降低了中国的工业制成品生产企业的融资成本，使得工业制成品贸易具有比较优势。融资能力的改善优化了中国制造业的出口结构，但作用相对较弱（史龙祥和马宇，2008）。金融发展还与中国资本深化存在稳定的因果关系，在长期来看能促进工业资本的形成（黄健柏和刘维臻，2008）。改革开放以来的中国金融发展对资本形成、技术创新、第三产业产值增加具有直接效应，并借助资本积累和技术创新等路径作用于产业增长、结构调整和整体经济增长（马正兵，2008）。郝（Hao，2006）发现金融中介的发展对中国经济的发展有积极作用，对资本积累和产出增长有正面影响。金融发展有利于吸引FDI，为外资企业提供金融服务，将潜在的溢出效应转化为现实生产力（孙立军，2008）。

但在金融压抑政策下的金融发展对经济增长的贡献是有限的，中国经济的高速增长和金融发展的相关性并不高。在金融控制政策下的金融发展对经济增长没有显著的促进作用（王晋斌，2007）。在中国渐进式的转轨经济过程中，国家或政府掌握金融资源，商业性金融机构没有完全按商业化运作，资源配置不节约，存在浪费，形成了金融低效率与经济高增长并存的结果（曾康霖，2005；安强身，2008）。滑冬玲（2006）的实证表明制度对金融自由化的影响超过其他因素，而宏观经济政策对金融自由化的影响较弱。瓜里利亚和庞塞特（Guariglia and Poncet，2008）对中国30个省的面板数据回归显示中国金融压抑造成的金融扭曲对经济增长有阻碍作用。如果金融系统继续扭曲资本分配，那么中国的经济增长很难持续并且金融发展也是没有效率的（Liang and Teng，2006）。哈森等（Hasen et al.，2009）的实证研究发现，在衡量金融深化的指标里除了资本市场的深度对中国经济增长有积极影响外，其他的则没有显著影响，有的甚至还有负面影响。

中国这种高投入、高增长的经济发展模式从客观上需要大量的资金的投入，因此实行金融压抑是实行这种发展战略的必然和合理选择。政府从压抑的金融体系中用各种制度、政策和行政手段等把资源导向优先发展的地区、行业、部门和企业，激励他们飞速发展。因此，从某种意义上说中国金融发展就是政府激励与抽租的权衡。

第三节 中国金融压抑的新政治经济学分析

中国的政治和经济制度在过去的四十多年里进行了一场深刻的改革，经济的高速增长与金融体系的低效率同时并存，成为金融发展与经济增长的实证中一个无法忽视的反例（Allen et al.）。中国金融发展水平仍然处在非常初级的阶段，金融体系仍是以银行为基础的。据中国银监会统计，截至2009年12月末，我国银行业金融机构境内本外币资产总额为78.8万亿元。分机构类型看，国有商业银行、股份制商业银行、城市商业银行和其他类金融机构资产总额分别为40.1万亿元、11.8万亿元、5.7万亿元和21.2万亿元，国有商业银行仍然占据着大半江山。而据中国证监会统计，截至2009年12月末，股票市价总值24.393万亿元，其中股票流通市值15.126万亿元。

中国商业银行长期以来受到严格的管制：它们往往受到高额储备金、高流动性以及法定利率上限和部门信贷配给的约束。逆向选择和道德风险严重，城乡、区域金融发展不协调，对"三农"和中小企业金融服务相对薄弱。在中国，信贷配给往往是强制的，而不是像工业化发达国家那样是由于信息不对称所内生的一个结果。政府用国家信用隐性担保银行不会破产的全民储蓄动员（中国经济增长与宏观稳定课题组，2007），最大限度地集中全社会的金融资源，同时利用金融机构信用扩张手段将金融资源大量输入国家扶持的行业和企业，促进了投资扩张和经济快速增长。国家信用担保下的信用扩张激励了投资驱动型的经济增长，国家通过行政干预和利率管制的方式指导银行进行贷款。在这种约束下，银行对大量国有企业进行贷款提供金融支持，这些企业往往都是无或低资本金、无担保和无抵押的，银行的大部分坏账只能视为国家为发展经济进行的透支或补贴。同时，金融部门改革落后于经济改革，金融部门由四大国有银行占主导。由于信息不对称，大银行倾向于给大企业贷款。因此，大企业容易得到金融支持，中小企业则难以获得足够的信贷。由于中小企业大部分从事劳动密集型生产，劳动密集型产业会由此受到损害，从而减少就业机会；二是低收入水平的群体更加难以从大银行获得金融服务。而没有银行的融资支持，中国的民营企业、中小企业和乡镇企业都难以快速发展。

自加入 WTO（世界贸易组织）后，特别是 2004 年以来，中国国有银行的改革进程加快，而围绕改革路径及其绩效的争论也接踵而来。原本出于支持改革而特意设置的存贷款利差也就成为扭曲国有银行利益激励，进而成为诱导其机会主义行为的重要因素。国家与国有商业银行对于改革收益的时间偏好差异为后者通过扩张资产负债规模、增加账面利润从而获取短期红利提供了空间，资产负债规模的扩张又不断在内生着对国家金融控制的需求，最终银行改革陷入两难困境。国有银行市场化改革的要害在于通过有效的制度约束银行行为的外部性（张杰，2008）。国有商业银行不仅要提高本身经营管理水平和增加利润，而且，政府监管部门也需要改善制定政策的水平来提高社会福利（周开国等，2008）。

在一系列研究中国银行体系效率的文献里，不管是从全要素生产率（Kumbhakar and Wang，2007）还是 X 效率（Fu and Heffernan，2009）的角度，传统的四大国有银行效率是最低的，股份制银行效率较高，外资银行是最有效率的(Berger et al.,2009)。今后中国的金融发展在很大的程度上依赖于银行体系的改革(Lin and Zhang,2009),新兴城市商业银行的出现对中国银行体系效率的改善作用不大(Ferry,2009)。造成中国银行体系低效率的原因,不仅在于国有银行的所有制偏向,而且在于其不合理的银行业规模结构。因为,组织规模庞大的国有银行没有为符合比较优势的劳动密集型中小企业提供融资服务的动机(林毅夫和孙希芳,2008)。有政治关系的企业比无政治关系的企业更容易获得银行贷款和更长的贷款期限,而且在金融发展越落后、法治水平越低越严重的地区,政治关系的种种贷款效应越显著(余明桂和潘红波,2008)。这些都表明,在中国金融发展落后、法治水平较低和产权保护不强的制度条件下,政治关系可以作为一种替代性的非正式机制,缓解落后的制度对民营企业发展的阻碍作用,帮助民营企业获得银行的信贷支持,促进企业发展。尽管"信贷渠道"在中国货币政策传导中发挥着主导作用,但由于货币到信贷传导环节的断裂,使得"信贷渠道"自身存在着较大的政策局限性(杨子晖,2008)。针对目前中国的金融资产结构是否能适应并促进中国经济的发展这个问题,易纲和宋旺(2008)重新度量了中国金融资产总量,发现中国金融资产结构在改革过程中有了明显改善,但仍然需要继续完善货币市场和资本市场,加速金融资产结构调整。

金融体制改革的最终目标是实现金融自由化。但就中国的实际情况来说,金融还是一个垄断行业,国有经济和国有金融企业占据绝对的垄断地位,金融企业的国有产权问题也影响到垄断与竞争的关系,国有经济的存在减弱了金融体系中的竞争性。国有金融企业并没有起到优化分配社会资源的作用,提供的却是高价低质的服务。人们已经越来越清除认识到金融压抑对资源配置的有害影响。但是,中国成功进行金融自由化所需要的制度条件,比如合适的监管和监督机制及法律体系却往往不存在,这就导致了宏观经济不稳定性增加,甚至严重时,会导致同时影响支付平衡和金融体制的经济危机。尽管近年来中国在完善产权制度方面取得了很大发展,但用发达国家的标准来衡量,中国的产权、法律体系和透明度仍十分薄弱。但是，中国确实是过去20年里世界上发展最快的国家之一。既然中国的体制这么薄弱，并且银行业主要由国家所有，它是如何取得这么大的成功呢？中国经济仍然处在发展的初级阶段，中国的高储蓄率迅速积累了资本总量，同时，将大量依赖农业生存的剩余劳动力转移到资金生产率较高的行业，即使可运用的储蓄没有被配置到最有生产率的地方，也并没有能显著改善体制以维持经济增长，但由于将以务农为生的劳动力解放出来，生产效率也得到极大扩张，资金也急剧增加，这就足以推动经济增长。中国的例子表明，在发展的初级阶段，即便体制不太完善，在一定的政治激励下，如中国地方官员的晋升锦标赛模式（周黎安，2007），经济依然能够快速增长。为了达到下一步的发展目标，中国需要更好地配置资金，这一点只能通过改善体制与提高法治水平和制度质量来实现。那种认为在以金融压抑为特征的经济中，加强法治可能妨碍金融领域某些方面的发展，并不能显著提高经济的平均增长率的说法（卢峰和姚洋，2004）是无法令人信服的。

在向市场经济和金融自由化的发展过程中，国有金融企业成为一种既得利益集团。国有企业通常比私人企业面临更软的预算约束，即政府更愿意容忍国有企业的损失。尽管国有金融企业过去的业绩并不理想，但政府仍会提供支持让企业继续经营下去。这里的既得利益是一些受管制的金融企业不愿放松管制的根源。金融发展往往会受到既得利益集团的威胁，因为金融发展导致市场竞争更加激烈，从而会打破原有的社会经济秩序。这时候，利益集团往往为了自己利益而限制了金融的竞争和发展。既得利益集团会不断地强化现有产权安排，通过自己的垄断地位，为实现本部门利益最大化，用垄断高价维持自己的超额利润或掩盖亏损。

在金融这个垄断行业，"政府管制"与"行业垄断"是两大顽症。管制常常被用以达到某些目的，比如收入的再分配和特殊产业的鼓励，而置经济效率于不顾。许多管制措施的形成和执行实质上就是再分配，干预配置效率并且是政治过程的结果，以满足产业压力集团的支持。

管制政策可能是次优的，反映在"一刀切"的法规、市场进入的各种障碍、复杂的行政程序以及制度约束上。在管制下，市场竞争已失去了作用，谁获得了管制的特许权和经营权，谁就获得了垄断地位，同时谁也就获得了丰厚的利润。管制得越多，租金额就越多。金融领域实际上可能是中国租金规模最大、寻租现象最严重的领域。管制的过程实际上就是消费者剩余转变为生产者剩余的过程，当消费者面对管制带来的负效用（如高价低质服务等）忍无可忍的时候，国家不得不逐步放松管制。放松管制的过程实际上也是寻租衰减的过程。此时，国家放松管制的最大障碍是受管制的部门。既得利益者拼命地维护这些低效的或过时的管制和垄断地位是中国金融发展缓慢的重要原因之一。

对于国家来讲，"管制和垄断"与"金融自由化"已成为两难困境：从深化市场改革和经济长期发展的角度讲，应该放松管制和行业垄断；但是从国有企业的生存、国家财政收入、经济安全和社会稳定的角度讲，国家又不能立刻放松管制和行业垄断。

第四节　激励与抽租权衡的模型分析

下面运用构建模型进行分析，在不同的阶段，在给定的约束条件下，政府如何设计合约，实现最优管制[①]。

管制者即政府或相应的金融主管机构通过分担部分成本，可以降低受管制成本从额外的信息中获得租金。但是政府和受管制企业之间的成本分担却会降低企业降低成本的动力。有三种管制性约束：信息约束、交易约束、行政或政治约束。使得管制者不能实施他所偏好的政策。

管制机构可能没有尽心尽力去收集产业的信息，他们还有可能策略的利用职务之便所得到的信息以便实现他们自己的目标，或者与其他的利益集团互相合谋。管制者也有两个目标：促使企业降低成本和抽取企业的租

---

① 这里管制的是企业代表政府向消费者提供商品。

金。如果最优管制不是简单管制，管制机构不是善意的而且不能够被完美地加以监督的话，那么就要对模型加以丰富以描述管制机构的激励和行为。

下面是根据管制理论改进的模型①。

政府作为管制者想实现社会价值为 S 的不可分割项目。单个国有金融企业实现这个项目的成本是：

$$C = \beta - e \qquad (2-10)$$

这里，$\beta \in (\underline{\beta}, \overline{\beta})$ 是国有金融企业的效率参数，e 是管理者的努力水平，只有国有金融企业的管理者知道 β。其他各方面对 β 的先验累积概率分布为 $F(\cdot)$，该分布的密度函数 f 严格为正。通常的单调风险概率假定为 $\dfrac{d(F(\beta)/f(\beta))}{d(\beta)} > 0$，以避免在最优激励合约中出现混同。管理者的努力导致了用货币单位表示的负效用为 $\varphi(e)$，其中，$\varphi' > 0$，$\varphi'' > 0$，$\varphi''' \geq 0$。

另外，管理者可以承诺某些不可合约化的非货币性投资 $\overline{I} \in \{0, I\}$。这里，I 是管理者的非货币成本，因此必须加到 $\varphi(e)$ 上去。不投资（$\overline{I} = 0$）不产生收益。如果有投资（$\overline{I} = I$），那么该投资有两个用途。对投资的内部使用给企业的内部人（正式化为管理者）带来的私人（非货币性）收益为 $D > I$，对外部人带来的收益为 0。对投资的外部使用给外部人带来的收益为 $D' > I$，给内部人带来的收益为 0。在该模型中，投资和获得的收益发生在单期中。与投资一样，因为无法验证，收益也是不能合约化的，因此也不能转卖。

在国有经济条件下，政府拥有企业，并根据实际发生的成本 t(C) 对国有金融企业管理者提供激励方案。在这种情况下，成本是由政府来支付的，管理者的效用水平为：

$$U = t - \varphi(e) \qquad (2-11)$$

由于投资及其收益是不可合约化的，所以政府不能对企业承诺为了在

---

① 让-雅克·拉丰、让·梯若尔著，石磊、王永钦译：《政府采购与规制中的激励理论》，上海人民出版社 2004 年版，第 551~552 页。

事后最大化该投资的公共使用,政府将不剥夺管理者的投资。而且那些被国家列入优先发展战略中的行业、企业以及关系良好的个人能从中获得低于市场利率的资金,这意味着降低企业的收益,还有可能的是通过重新安排职位和工作来剥夺管理者的投资即管理者的人力资本。因此,政府的行动有可能是事后最优的,但是却剥夺了企业的投资。

相应地,功利主义政府的目标函数为:

$$W = S - (1+\lambda)(t+C) + U \tag{2-12}$$

这里,λ 为影子成本,$(t+C)$ 是总的管制成本。

在国有制的条件下,因为管理者不投资,因此管理者的效用水平为:

$$U = t - \varphi(e) = t - \varphi(\beta - C) \tag{2-13}$$

激励相容约束要求:对所有的 $\beta \in (\underline{\beta}, \beta_P^*)$,

$$\dot{U}(\beta) = -\varphi'(e(\beta)) \tag{2-14}$$

这里 β_P^* 是项目实施时 β 的最大值,并且,对所有的 $\beta \in (\underline{\beta}, \beta_P^*)$,

$$\dot{C}(\beta) \geq 0 \tag{2-15}$$

利用式(2-14),个体理性约束可以写成:

$$U(\beta_P^*) \geq 0 \tag{2-16}$$

功利主义的政府将会在激励相容和个体理性的约束下,最大化预期的社会福利:

$$\int_{\underline{\beta}}^{\beta_P^*} \{S - (1+\lambda)[\beta - e(\beta) + \varphi(e(\beta))] - \lambda U(\beta)\} dF(\beta) \tag{2-17}$$

国有制下最优的管制结果由下式给出:

$$\varphi'(e_P(\beta)) = 1 - \frac{\lambda}{1+\lambda} \frac{F(\beta)}{f(\beta)} \varphi''(e_P(\beta)) \tag{2-18}$$

$$U(\beta) = \int_{\underline{\beta}}^{\beta_P^*} \varphi'(e_P(\overline{\beta})) d\overline{\beta} \tag{2-19}$$

要么:

$$S - (1+\lambda)[\beta_P^* - e(\beta_P^*) + \varphi(e_P(\beta_P^*))] - \lambda \frac{F(\beta_P^*)}{f(\beta_P^*)} \varphi''(e_P(\beta_P^*)) = 0 \tag{2-20}$$

要么：$\beta_P^* = \bar{\beta}$

式（2-18）描述了为降低不对称信息租金而造成的最优效率扭曲。式（2-19）定义了效率为 β 的企业得到的不对称信息租金。式（2-20）定义了临界点 β_P^*。最优机制可以通过如下的线性合约菜单来实施：

$$t(C, C^a) = a(C^a) - b(C^a)(C - C^a) \quad (2-21)$$

这里 C^a 是宣布的成本，C 是实际成本。系数 $b(C^a)$ 定义了成本超出部门的分享比例，它等于 $\varphi'(e_P(\beta))$、对于 $\beta = \underline{\beta}$，有 $F(\underline{\beta}) = 0$ 和 $\varphi'(e_P(\underline{\beta})) = 1$；$\underline{\beta}$ 型企业选择固定价格合约并拥有成本最小化的激励。效率较低类型的企业从管制者那里得到补偿的部分成本为 $1 - \varphi'(e_P(\bar{\beta}))$，付出的努力是社会次优的。配置效率的扭曲使得管制者可以降低不对称信息造成的成本高昂的租金。

从模型分析可以得到如下结论：总剩余 S 的增加提高了国有金融企业的租金。只有当企业获得足够多的租金后，它才有动力高效运营。但如果为了让被监管企业获得足够的租金，则必然会减少消费者的净收益。因此，为了限制监管企业获得的租金，就不得不容忍一定程度的效率损失。不对称信息使得受管制企业获得租金，在信息不对称的情况下，国有金融企业的处境会更好，并且从可以抽取租金的保留信息中获利。不对称信息降低了激励方案的强度，对抽租问题的考虑也降低了激励方案的强度，当管制者的概率分布较差时，β 型企业获取的租金较高，即高效率型国有金融企业有动力说服管制者他们是低效率的。当管制者的概率分布较好时，β 型企业的努力水平较低。当同一种类型的国有金融企业与比其效率更低的国有金融企业相比时，在分布较差的情况下就能够从管制者那里获取更多的租金。

小　结

从以上分析可以看出，压抑的金融体制下形成的金融城乡差异、地区差异、金融资源配置的低效率再加上成本渠道的存在是造成货币政策区域效应、行业效应和中国货币政策低效率的根本原因。考虑到金融发展的城乡、地区和行业差异与统一货币政策的矛盾要求，中央银行在制定与实施货币与金融政策时也要更多地考虑不同地区和行业对同一货币政策的不同反应。从长期来看，全国统一货币政策的实际效力和宏观调控效果依赖于城乡、区域和行业经济金融一体化的发展，并且需要完善货币政策传导的微观基础。

尽管金融发展是促进经济增长的内生性需求，但现在仍然存在很多政策和规定在阻碍金融发展。为什么在看到使用这些政策工具所带来的低效率情况下，仍然选择被压抑的金融体系，并施加资本流动和利率的控制呢。原因是从金融压抑获得财政收入。金融压抑税与铸币税或通货膨胀税一样，都是一种隐性的税收，即政府可以通过低于市场的利率从银行获得隐含的补贴和税收。

对金融体系激励与抽租的权衡导致中国金融发展水平落后，货币政策传导的渠道效率不畅。因此在需要在不放弃金融监管的同时，减少金融业的准入限制，扩大金融市场的竞争。只有深化金融体制改革，才能提高货币政策有效性。

中国的渐进式改革，是一个从高度管制向轻度管制的演进过程。在这个过程中，政府和企业会面临不同的信息结构、约束条件和可行工具。在给定的约束条件下，政府一方面要逐步实现金融自由化，放松管制，解除垄断，提高国有金融企业的竞争力。另一方面考虑到当前中国由于经济产业结构调整和社会转型，也是最容易导致社会动荡的社会风险高发期。鉴于中国金融体系的脆弱性，要维持经济稳定和国家安全，政府还要在今后相当一段时间内维持国有金融企业的垄断，并向金融企业抽取一定的租金维持自己的正常或扩张性开支。政府拥有金融业的依赖以及强大金融利益集团力量的存在，不仅不利于促进中国金融的发展，而且使中国企业面临着较高的融资障碍。因此，中国金融今后的发展仍然是政府在激励和抽租之间的权衡取舍。

中国货币政策的新政治经济学分析

  中国货币政策和金融发展的未来走向首先取决于制度设计。制度决定了剩余控制权的分配,以及监管部门权衡利弊得失的认识深度。放松管制的传统解决办法是引入竞争,但这只是第一步。从垄断转向竞争的道路也会千差万别,漫长而曲折,不可能有一个理想化的简单的路径。一个国家是否拥有独立和有效的司法体制和强制执行合法合约的能力必然会影响政策的最优设计。

第三章

弗里德曼规则、托宾效应与经济增长

第一节 引 言

弗里德曼（Friedman）对货币政策最优传导机制开出的经典处方，也叫弗里德曼规则，即名义利率为零，迄今为止仍然是货币理论中最著名的论断。弗里德曼（1969）认为一个好的货币政策要能使私人持有货币的机会成本（名义利率）与他的社会成本（为零）相等。按照这种逻辑，货币政策应该从来就不是扩张性的。对弗里德曼规则的批判也接踵而来，因为弗里德曼规则的执行即意味着政府对铸币税（通货膨胀税的税率为零）的放弃，而且所有的实证检验都揭示全世界没有一个中央银行在执行弗里德曼规则。例如，瓦尔什（2003）研究了6个实行通货膨胀目标制的国家，发现它们的长期目标都是将利率控制在0和3%之间，这显然和名义利率为零的说法不一致。

托宾（Tobin，1965）提出如果货币扩张导致收入上升和增长，就会超过紧缩性的政策所导致的非扭曲效应。按今天的说法，如果托宾效应确实存在，那么弗里德曼规则还不是最优的。在某种意义上，弗里德曼规则和托宾效应代表了两种对通货膨胀有分歧的看法。弗里德曼规则认为通货膨胀型的货币扩张会提高持有商品和货币组合平衡的机会成本。托宾效应则认为通货膨胀通过提高资本的相对回报，刺激资本的形成进而带动经济增长。

不同学派的经济学家都或多或少同意货币政策在短期因名义刚性而非中性，货币变量的改变如何影响产出、就业、实际增长率和通货膨胀等也一直都是研究关注的中心。货币增长率对实际利率、资本密集度、产出以及社会福利是否有长期的影响？如果只改变名义货币量的增长率，能否对资本积累和产出产生影响？如果能，它是长期地改变了稳定产出，还是只有短期影响，直到经济恢复到原有（实际）稳态？这一有关货币超中性的问题考察的是货币增长率对经济中实际变量的影响。不同的长期货币增长率最终会反映到不同的通货膨胀率上来，那么是否同时也会对产出产生长期影响？在稳态时，更快的货币增长率总是与更高的人均资本量和产出联系在一起，更高的通货膨胀率也会使储蓄者提高实际资本在资产中所占比例。既然货币的增长可以影响某些实际变量，那是否存在着使社会福利最大化的最优货币增长率也即通货膨胀率呢？

稳定币值和促进经济发展也是中国货币政策的目标，但早期的文献普遍认为中国货币政策的传导是通过行政手段和数量工具，利率对真实经济的影响十分微弱。我国货币政策对产出的影响具有明显的非对称性（郑挺国和刘金全，2008）。中国的央行不仅调控货币供应量，也控制利率。中国货币政策的调控究竟是以数量还是以利率为主，以及对经济增长的影响一直是争论的焦点。货币供应量 M_2 是中国货币政策的中介目标和重要指标，它对经济变量的解释（预测）能力远高于其他货币变量（盛松成和吴培新，2008）。万晓莉等（2010）系统地考察了我国在 1987~2008 年二十年间的货币需求特征。结果发现在考虑汇率（预期）和外部因素的条件下我国在长期里才有稳定的货币需求。1996 年以前，M_1 更适合做货币盯住目标，而 M_2 在 1996 年以后更合适，尤其 M_2 与汇率因素之间的联系紧密。中国的 M_2 呈顺周期特征，这不是以货币总量为中介目标的货币政策执行不力，而是央行根本无法控制货币的供给（于泽，2008）。尽管贷款的需求确实已更加依赖于利率，但实际产出对利率的敏感性仍十分有限，利率的有效性仍是十分谨慎的（Koivu，2009）。近年来以调控货币数量为主的货币政策已远不如过去有效，利率调整的效果虽然不够显著，但其重要性已开始逐渐凸显（Zhang，2009）。

中国通货膨胀和经济增长之间是高度正相关的。在短期内，通货膨胀率加剧都带动经济增长率一定程度的提高，体现出比较显著的"托宾效应"（刘金全和张鹤，2004）。中央银行存在的非对称性货币政策偏好，实际造成了通货膨胀的明显倾向（赵进文和黄彦，2006）。通货膨胀的波动也减缓了中国经济增长（Narayan et al.，2009）。

中国经济仍然处在发展的初级阶段，高储蓄率迅速积累了资本总量。这样即便体制不太完善，中央银行通过压抑的金融体系实行扩张性的货币政策，就足以推动经济快速增长。但在当前复杂和前景并不明朗的国内外经济环境下，中国的改革和经济发展正面临着新的攻坚阶段和十字路口，减少政府为财政赤字融资而对铸币税收入的依赖，有助于降低通货膨胀，转变经济增长方式，保持经济增长。

本章第二部分建立了一个世代交叠模型来分析货币政策与经济增长之间的关系，并试图解释为什么中央银行不会执行弗里德曼规则。第三部分利用麦克勒姆（McCallum）规则和扩展的泰勒（Taylor）规则对中国货币政策进行实证检验。最后为结论和政策建议。

第二节　新古典模型分析

为研究货币政策究竟是怎样促进经济增长，在经典的经济增长理论框架内，更确切地说，在知识外生性假设下的新古典（在 AK 型生产函数中 $\theta + \beta = 1$）内生性增长模型（Romer，1985），和不考虑长期经济增长（$\theta + \beta < 1$）的经典增长模型（Diamond，1965）框架内，考虑建立一个扩展的世代交叠模型来进行分析。

一、模型假设

经济活动发生在无限时间 $t=0,1,\cdots,\infty$,住在两个相互分离的岛屿上,完全信息条件下的经济代理人从事经济活动。同标准的世代交叠模型一样,假设经济代理人的生存周期为 2 期。在每个 $t>0$ 时期,每个岛上都有 1 个代理人出生。当年轻代理人出生时,每人有 1 个单位劳动的初始禀赋并且劳动供给是无弹性的,而年老的代理人没有劳动禀赋。同标准假设一样,假定代理人只有在年老时才能从消费品(c)获得效用。效用函数就可以被表示为:$u(c) = c^{1-\varphi}/(1-\varphi)$,$\varphi>0$。如果 $\varphi=1$,这里可以定义 $u(c) = \ln(c)$。

消费品由一家代表性的厂商生产,厂商借入资本并雇佣年轻代理人进行生产。Romer 型的生产函数表示如下:$Y_t = F(\overline{K}_t, L_t, K_t) = A\overline{K}_t^\beta K_t^\theta L_t^{1-\theta}$。这里 K_t 表示代表性厂商的资本存量,L_t 表示被雇佣的劳动数量,$\overline{K}_t$ 是经济体中的总资本存量。

可以简化假设,当进入下一期时,资本完全折旧。假定 $\beta \in (0, 1-\theta)$,因此,如果 $\beta=0$,那么 Y_t 就是戴蒙德(Diamond,1965)函数中标准的新古典生产函数。另一方面,如果 $\beta=1-\theta$,那么 Y_t 就是标准的 AK 型的内生增长型生产函数。注意到这个函数可以表达为资本—劳动比率,$k_0>0$ 可以被视为给定。因为竞争,生产要素按边际收益支付,资本的租金率 ρ,工资率 w 就可以分别被表示为:$\rho \equiv \rho(K) = A\theta K^{\beta+\theta+1}$,$W \equiv w(K) = A(1-\theta)K^{\beta+\theta}$。

二、模型的信息和空间约束

在每一期开始时,企业雇佣年轻代理人的劳动,并从银行借入资本来生产消费品,年轻代理人将他们的工资全部存入银行,银行必须就货币和资本的组合进行分配。随后,代理人得知自己的分配状态,要在岛间迁徙的代理人从银行提取全部现金,而非迁徙者在下一期获得商品。$0 < p_t < \infty$,表示在 t 期的价格水平,那么在 t 期和 t+1 期间的货币的净实际回报率为 $R_{m,t}$,$R_{m,t} \equiv p_t/p_{t+1}$,这里 $m_t = M_t/p_t$ 表示在 t 期末的年轻代理人实际持有的货币,M_0 为事先给定。中央银行可以通过一次性的注入或撤出货币来影响经济中的货币供给。为了最大化代理人预期效用,中央银行要选择货币供给的增长率 $z > -1$。

如果净货币增长率为正,那么在每一期开始时,中央银行就要发行额外的货币给当期的年轻人,让他们可以购买商品。如果净货币增长率是负的,那么中央银行通过一次性的税收从年轻代理人那里把他们部分用于退休的货币收回,税收或一次性转移支付用 τ_t 表示。既然 $M_{t+1} = (1+z)M_t$,政府的预算约束就可以由式(3-1)给出:

$$\tau_t = \frac{M_t - M_{t-1}}{p_t} = \frac{z}{1+z}m_t \qquad (3-1)$$

出于对未来的考虑,要实行稳定的弗里德曼规则意味着要通过选择 z 来满足 $1 + z^F \equiv 1/\rho$,同时注意到当且仅当 $\rho > 1$ 时,$z^F < 0$。也就是说,当且仅当经济是动态有效时,弗里德曼规则所指的货币增长率是负的。

三、银行行为

银行从年轻代理人那里获得存款,然后选择是投资在资本还是货币上。在存款的第 1 期期末,存款合同约定可以迁徙的年轻代理人只能在迁徙前才能取走存款,所有的人都可以在生存的最后一期取出自己的存款。通常在这类模型里,如果 $z > (1/\rho) - 1$,即中央银行偏离了弗里德曼规则的话,货币的价值由回报率决定。银行就会尽可能的少持有货币,这样只持有必须支付给迁徙者的货币。

银行会宣布给每个迁徙者的回报为 d_t^m,非迁徙者的回报为 d_t^n。让 s_t 表示银行以资本形式持有的储蓄。银行要在下面的约束条件下最大化存款者的预期效用:

$$m_t + s_t \leq w_t + \tau_t \quad (3-2)$$

$$\alpha d_t^m(w_t + \tau_t) \leq m_t R_{m,t} \quad (3-3)$$

$$(1-\alpha)d_t^n(w_t + \tau_t) \leq \rho_t S_t \quad (3-4)$$

式（3-2）是银行的资产负债表约束。式（3-3）是在 t+1 期时银行必须保持支付迁徙者的流动性约束。式（3-4）是以资本的形式持有的支付给非迁徙者的商品存货约束。

让 $\gamma_t \equiv m_t/(w_t + \tau_t)$ 表示储备/存款比例，银行的利润最大化问题就可以被改写为：$\max\limits_{\gamma_t \in [0,1]} \frac{(w_t + \tau_t)^{1-\varphi}}{1-\varphi} \left[\alpha \left(\frac{\gamma_t}{\alpha} R_{m,t} \right)^{1-\varphi} + (1-\alpha) \left(\frac{\rho_t(1-\gamma_t)}{1-\alpha} \right)^{1-\varphi} \right]$。其最优化的一阶条件就可以被简化为：

$$(d_t^m)^{1-\varphi}(R_{m,t}) = (d_t^n)^{-\varphi} \rho_t \quad (3-5)$$

可以求出 γ_t 的解：$\gamma_t = \gamma(R_{m,t}, \rho_t) = \dfrac{1}{1 + (1-\alpha)/\alpha (\rho_t R_{m,t})^{(1-\varphi)/\varphi}}$，或等价的写成：

$$\gamma_t = \gamma(I_t) = \frac{1}{\alpha + (1-\alpha)/\alpha (I_t)^{(1-\varphi)/\varphi}} \quad (3-6)$$

这里 $I_t = \rho_t/R_{m,t}$ 表示在 t 期和 t+1 期间的名义利率，注意到 I_t 表示相对于资本而言持有现金的机会成本。当 $\varphi = 1$，$\varphi = 1$，解为 $\gamma_t = \alpha$。同样地，从式（3-6）可以看出，当且仅当 $\alpha \neq 1$ 时，对所有的 $I > 1$，$\gamma_t \neq \alpha$，银行要在两种商品（迁徙者和非迁徙者的消费品）中分配存款。当两种商品是互补或替代时，相对于资产而言货币的回报就很低，会要求迁徙者的份额占银行持有的资产组合中的比例高或低。

四、一般均衡

相对上一期的资本，下一期的资产会贬值，下一期资本等于当期的储蓄：$s_t = k_{t+1}$。把资本的租金率 ρ_t，工资率 w_t，结合 $s_t = k_{t+1}$ 与银行的预算约束即式（3-2），可以得到 k_{t+1} 的表达式：

第三章 弗里德曼规则、托宾效应与经济增长

$$k_{t+1} = (w_t(k_t) + \tau_t) - m_t = (1 - \gamma_t)(w_t(k_t) + \tau_t) \quad (3-7)$$

这里 γ_t 由式（3-6）给出，用式（3-1）和 γ_t 的定义给出 τ_t 和 m_t，也就是：

$$\tau_t = \frac{z\gamma_t w_t(k_t)}{(1+z) - z\gamma_t} \quad (3-8)$$

$$m_t = \gamma_t(w_t + \tau_t) = \frac{\gamma_t w_t(1+z)}{(1+z) - z\gamma_t} \quad (3-9)$$

由于 $m_{t+1}/m_t = (1+z)R_{m,t}$，利用式(3-7)，得到：$R_{m,t} = \frac{\gamma_{t+1}(w(k_{t+1}) + \gamma_{t+1})}{(1+z)\gamma_t(w(k_t) + \tau_t)}$。

最后利用式（3-2）～式（3-4）可以求解并得出 d_t^m 和 d_t^n 的表达式：

$$d_t^m = \frac{\gamma_t}{\alpha} R_{m,t} = \frac{\gamma_t}{\alpha} \frac{\gamma_{t+1}(w(k_{t+1}) + \gamma_{t+1})}{(1+z)\gamma_t(w(k_t) + \tau_t)}, \quad d_t^n = \frac{\rho_t(1-\gamma_t)}{1-\alpha} = \frac{f'(k_{t+1})(1-\gamma_t)}{1-\alpha}$$。在稳态，经简化可以得到：$R_m = \frac{1}{(1+z)}$，$d_t^m = \frac{\gamma(I)}{\alpha} \frac{1}{(1+z)}$，$d_t^n = \frac{f'(k)(1-\gamma(I))}{1-\alpha}$。在这里，$I \equiv I(z) = f'(k)(1+z)$，在此定义 $\gamma(z) \equiv \gamma(I(z))$。稳态下的 k 值可以从式（3-7）中作为解得出：

$$k^* = \frac{(1-\gamma(z))(1+z)}{(1+z) - z\gamma(z)} w(k^*) \quad (3-10)$$

均衡里，z 由中央银行通过最大化生存期内一整代人的效用来决定。

作为一个稳定竞争均衡的解 k^* 可以通过解式（3-10）里由仁慈的中央银行决定的值 z 得出，这里满足 $\gamma(z) \in [0, 1]$，$z > 1/\rho(k^*) - 1$ 的条件。

考虑到对数效用，用式（3-7）中的 $\gamma_t = \alpha$，k_{t+1} 的表达式为：

$$k_{t+1} = \frac{(1-\alpha)(1+z)}{(1+z) - z\alpha} A(1-\theta) k_t^{\theta+\beta} \quad (3-11)$$

只有这样，才能求出稳态下的值 k 和其他变量的封闭解：

$$d^m(z) = \frac{1}{1+z}, \quad d^n(z) = f'(k(z)) \quad (3-12)$$

$$k(z) = \left[\frac{(1-\alpha)(1+z)A(1-\theta)}{(1+z) - z\alpha}\right]^{1/1-(\theta+\beta)}, \quad \tau(z) = \frac{z\alpha w(k(z))}{(1+z) - z\alpha}$$

$$(3-13)$$

综合上述讨论，对任意 $z > -1$，和任意 $\varphi > 0$，$dk^* > dz > 0$，则意味着托宾效应具有可行性。如果 $\varphi < 1$，那么 $\gamma'(z) < 0$；如果 $\varphi > 1$，那么 $\gamma'(z) > 0$。弗里德曼规则下的货币增长率为 z^F，可以通过计算资本回报和货币相等的条件下得出，在稳态下即：$f'(k^*) \equiv \dfrac{1}{1+z^F}$。

总的说来，在这里 k^* 没有封闭解，也无法导出 z^F 的封闭形式。在对数效用的条件下，用式（3-13）可以得到：$f'(k^*) \equiv A\theta(k^*)^{\beta+\theta-1} = \dfrac{1}{1+z}$，可以得到 $(k^*)^{\beta+\theta-1} = \dfrac{(1+z) - z\alpha}{(1-\alpha)(1+z)A(1-\theta)}$。在这里用 $A\theta(k^*)^{\beta+\theta-1} = 1/(1+z^F)$，因而可以得到：$z^F\big|_{\varphi=1} = \dfrac{1-\theta}{\theta} - \dfrac{1}{1-\alpha}$。如果 $\theta + \beta = 1$，资本的回报就总是 $A\theta$，于是不考虑 φ，那么，$z^F = 1/A\theta - 1$。

五、最优货币政策

不考虑长期增长的情况下，即 $\theta + \beta < 1$，中央银行要考虑的问题就是如何选择 z 来：

$$\max_z W(z) \equiv \frac{(w(k) + \tau(z))^{1-\varphi}}{1-\varphi}[\alpha(d^m(z))^{1-\varphi} + (1-\alpha)(d^n(z))^{1-\varphi}]$$

$$(3-14)$$

利用式（3-5），$d^n/d^m = (\rho/R_m)^{1/\varphi}$，即 $\alpha(d^m)^{1-\varphi} + (1-\alpha)(d^n)^{1-\varphi} = (d^m)^{1-\varphi}\dfrac{\alpha}{\gamma(z)}$。利用 γ 的定义，以及 $w(k) + \tau(z) = \dfrac{1+z}{1+z-\gamma(z)z}w(k)$ 和 $d^m = \dfrac{\gamma}{(1+z)\alpha}$，重写式（3-15）可以得到：$W(z) = \dfrac{\alpha^{1-\varphi}}{1-\varphi}W(k^*(z))^{1-\varphi}\left(\dfrac{1}{1+z-z\gamma(z)}\right)^{1-\varphi}\gamma(z)^{1-\varphi}$。再利用式（3-12），$W(z)$ 可以被写为：

$$W(z) = \frac{\alpha^\varphi}{1-\varphi}\left(\frac{k^*(z)}{1+z}\right)^{1-\varphi}\left(\frac{1}{1-z\gamma(z)}\right)\left(\frac{1-\gamma(z)}{\gamma(z)}\right)^\varphi \quad (3-15)$$

利用 γ 的定义和式（3-15），有：$W(z) = \frac{(1-\alpha)^{\varphi}(A\theta)^{1-\varphi}}{1-\varphi}(k^*(z)^{\beta+\theta})^{1-\varphi}\left(\frac{1}{1-\gamma(z)}\right)$。

为计算 z，最大化 W(z)，求导得到 W'(z)：

$$W'(z) = \frac{(1-\alpha)^{\varphi}(A\theta)^{1-\varphi}(k^*(z)^{\beta+\theta})^{1-\varphi}}{(1-\varphi)(1-\gamma(z))} \left[(1-\varphi)(\beta+\theta)\left(\frac{1}{k^*(z)}\frac{dk^*(z)}{dz} + \frac{\gamma'(z)}{1-\gamma(z)}\right)\right] \quad (3-16)$$

当且仅当 $-[1-(\beta+\theta)][(1+z^F)(1-\alpha)] + (\beta+\theta) > 0$ 时，弗里德曼规则才不是最优的。只要在稳态时是动态有效，那么 $(1+z^F) < 1$ 就一直适用。而弗里德曼规则不是最优的必要条件是：$\frac{\beta+\theta}{1-(\beta+\theta)} > (1-\alpha)$。所以，在对数效用的约束下弗里德曼规则从来就不是最优的。

当时 $\theta+\beta=1$，即意味着长期 AK 型生产函数有可能实现内生性增长。这里假设存在对数效用，那么从式（3-15），可以得到一个均衡的增长路径 $\frac{k_{t+1}}{k_t} = \frac{(1-\alpha)(1+z)}{(1+z)-z\alpha}A(1-\theta) \equiv g(z)$，意味着经济增长率取决于货币增长率。由于：$\frac{\partial}{\partial z}\left(\frac{(1-\alpha)}{1+z(1-\alpha)}\right) = \frac{\alpha}{(1+z(1-\alpha))^2}$，由此得出 $g'(z) > 0$，即意味着经济增长率随着货币增长率的增加而增长。因此，在对数效用下，能提高增长率的托宾效应总是具有可行性的。注意到 $g'(z) > 0$，即使最优货币增长率存在，弗里德曼规则也不是最优的。当存在长期内生性增长时，执行弗里德曼规则既不能实现福利最大化，也不能实现经济增长最大化，增加货币增长率通过"托宾效应"促进私人资本的投资反而可以提高福利。

第三节　中国货币政策与经济增长的实证分析

在最近几年的货币政策分析中，泰勒（Taylor, 1993）规则已越来越占主导地位。实际上，除 Taylor 规则外，还有另一著名货币政策规则：麦克勒姆规则（McCallum, 1988）。McCallum 规则是对以货币供应量为中介目标的货币政策的一种描述，它说明货币供应量的目标增长率应该根据名义 GDP 的增长率与目标增长率的缺口来确定，从而使名义 GDP 的增长速度向目标增长率趋近。

现在很少有中央银行把货币数量作为执行货币政策的工具，而且大多数中央银行在操纵短期利率为政策操作目标，不再强调货币数量。鉴于中国央行的货币政策目标一般都强调广义货币供应量 M_2，利率也没有完全市场化。货币政策似乎对真实和名义 GDP 与外部压力之间的影响更为敏感。因此，对中国来说，用 McCallum 规则来解释基础货币与 GDP 或经济增长之间的函数关系可能会更适用。但是，考虑到近年来中国经济和金融发生了许多重大而广泛的变革，而且金融体系仍是以商业银行为主，利率政策也可能已取得了一定影响。因此，为研究货币政策变量对通货膨胀、产出和 GDP 等的影响，在此同时考查两种规则来增加对中国的货币政策与经济增长之间动态关系的解释力。

一、McCallum 规则的检验

1. 数据来源

本节的季度数据全部分别来源于 1990 年 1 季度至 2009 年 3 季度中国人民银行统计数据、历年《中国统计年鉴》、世界银行发展指数（WDI）。

2. 实证模型

标准 McCallum 规则的形式如下：

$$\Delta m_t = \Delta x^* - \Delta v_t + 0.5 (\Delta x^* - \Delta x_{t-1}) \qquad (3-17)$$

这里 Δm_t 是基础货币总量的增长率，Δx_t 是名义 GDP 增长率，Δx^* 是名义 GDP 目标增长率，Δv_t 是样本内经济平均增长速度。0.5 是 McCallum

规则的估计参数即真实名义 GDP 和目标值之间的差距,也就是使用泰勒规则估计和实际值之间的差距。

这里使用两种方法来检验式(3-17),第一种方法就是标准的 McCallum 规则,主要用 OLS 回归并以 M_2 作为主要变量,可以得到如下的回归形式

$$\Delta m_t = \beta_0 + \beta_1(\Delta x^* - \Delta x_{t-1}) + \beta_2 Q_t + \zeta_t \quad (3-18)$$

这里 Q_t 为附加的共变项作为对 McCallum 规则的扩展,ζ_t 是误差项。即使 $Q_t = 0$,β_1 也和模型的假设值 0.5 也显著不同。事实上表 3-1 第 1 列的参数值都是负相关,而且在统计上是显著的。考虑到引入样本内 1997 年通货紧缩的虚拟变量,基础货币和 M_2 的增加是独立变量,通货紧缩的虚拟变量在统计上也是显著的,回归的拟合值与实际相一致。

表 3-1　　　　　　McCallum 规则的参数估计

变量	独立变量：M_2 的变化率			
A：M_2				
常量	20.89 (0.71)*	25.92 (0.71)*	20.99 (0.68)*	20.31 (0.45)*
$\Delta x_t^* - \Delta x_{t-1}^*$	-0.42 (0.06)*	-0.12 (0.05)**		-0.64 (0.05)*
通货紧缩虚拟变量		-10.33 (1.17)**		
r_t			-21.05 (8.76)**	-6.47 (8.12)
f_t			0.01 (0.03)	0.11 (0.02)*
R^2	0.51	0.82	0.57	0.24
F(p)	48.11 (0.00)	103.65 (0.00)	15.60 (0.00)	4.99 (0.55)
变量	独立变量：基础货币变化率			
B：基础货币				
常量	26.87 (2.31)*	22.15 (2.00)*	22.74 (2.20)*	31.32

续表

变量	独立变量：基础货币变化率			
B：基础货币				
$\Delta x_t^* - \Delta x_{t-1}^*$	-0.008 (0.002)*	0.002 (0.002)*	-0.009 (0.002)*	-0.008 (0.001)*
通货紧缩虚拟变量		-17.1 (3.05)*		
r_t			28.72 (12.82)*	0.67 (13.61)*
f_t			-0.1 (0.04)**	-0.20 (0.05)*
R^2	0.33	0.60	0.46	0.08
F(p)	25.18 (0.00)	36.12 (0.00)	13.25 (0.00)	5.96 (0.43)

注：估计值的前3列基于OLS估计，最后1列基于GMM估计，*和**分别表示在1%和5%的统计水平上显著。

第二种方法就是考虑人民币实际汇率和外汇储备，这里 $Q_t = [\dot{r}_t, \dot{f}_t]$，$\dot{r}_t$，$\dot{f}_t$ 分别是实际汇率和外汇储备的变化率。β_1 的估计值仍然为负并统计上是显著的。人民币实际汇率和 M_2 关系为负而且在5%的统计水平上显著，用GMM法可以发现出口增长和通货紧缩虚拟变量有2期滞后，但不能拒绝原假设。

最后可以得到货币需求的估计方程：

$$\log M_2 = 0.2353 \log CPI_t + 1.8228 \log RGDP_t - 0.0306 R_t - 25.19 \quad (3-19)$$
$$\quad\quad (0.0210) \quad\quad\quad (0.0157) \quad\quad\quad (0.0025)$$

其中 M_2 是广义货币供应量，CPI是消费者价格指数，RGDP是实际GDP，R是人民币银行的基准贷款利率，括号内为标准差。表3-1为McCallum规则的参数估计。

3. 结果讨论

通过McCallum规则来检验中国近年来货币政策的变化及对宏观经济

的影响发现,在样本区间内,货币需求量对实际 GDP 的弹性要大于对消费者价格指数的弹性;货币需求量对利率的弹性很小,同时符号为负。中央银行的货币政策的目标和结果没有显著变化,依然是追求稳定压倒一切,以积极促进真实名义 GDP 的增长为主,稳定物价应对外来冲击的压力如通货膨胀和通货紧缩为辅。

二、前瞻型 Taylor 规则的检验

1. 数据和样本范围

本节使用的月度数据均来自中经统计数据库。短期利率采用银行间 7 日同业拆借利率;由于 GDP 的月度数据不可获得,故采用经季节调整后的工业总产值月度数据作为替代;采用 Hodrick – Prescott 滤波计算 GDP 缺口;通货膨胀率由消费者价格指数(上年同月 = 100)减去 100 计算得到。人民币/美元汇率采用人民银行公布的汇率中间价的月度加权平均数据,采用 Hodrick – Prescott 滤波计算汇率缺口。数据样本的观测时间从 1996 年 1 月至 2009 年 12 月。

2. 实证模型

在这里使用一个附加汇率项的前瞻型 Taylor 规则并来进行实证检验。

$$i_t^* = \bar{i} + \beta(E[\pi_{t+12}|\Omega_t] - \pi^*) + \gamma(E[y_t|\Omega_t] - y_t^*) + \delta(e_t - e_t^*)$$

$$(3-20)$$

在式(2-20)中 i_t^* 是中央银行在 t 期的名义目标利率,这里假设 i_t^* 取决于长期均衡利率 $\bar{i}$,预期通货膨胀率 π_{t+12},当前预期产出 y 和当前汇率 e_t。式(3-20)中的隐含假设是当前产出在决定利率时是不知道的,但在最小信息成本下汇率是可以知道的。中央银行除了盯住利率外,还要盯住偏离预期的通货膨胀 π^*,产出 y_t^*,汇率 e_t^*。E 和 Ω_t 是中央银行在 t

期的预期和信息集。举例来说,如果在1年的时间跨度内预期通货膨胀率 $E[\pi_{t+12}|\Omega_t]$ 高于(低于)目标水平 π^*,中央银行会提高(降低)利率 i_t^*。相似的,如果当前的产出水平在理想水平 y_t^* 之下(上),利率会被降低或提高。

因为汇率变动会影响通货膨胀预期和产出,以及在国际货币政策协调中的决策,汇率可能会影响中央银行制定利率的决定。如果汇率升值(贬值)到 e_t^* 以下(上),中央银行将降低(增加)利率。在这种情况下,中央银行可能会更关心升值而不是贬值。

这里假定中央银行采用利率平滑的办法来消除利率变化对金融市场的冲击:

$$i_t = (1-\rho)i_t^* + \rho i_{t-1} + v_t \qquad (3-21)$$

在式(3-21)中,i_t 是中央银行在 t 期设定的短期名义利率取决于目标利率 i_t^* 和 t-1 期的利率。系数 ρ 用来描述利率平滑的程度。误差项 v_t 被假定为服从正常分布,把式(3-20)代入式(3-21),定义一个常量 $\alpha \equiv \bar{i} - \beta\pi^*$,用来消除那些无法观测的预测变量。

$$i_t = (1-\rho)\alpha + (1-\rho)\beta\pi_{t+12} + (1-\rho)\gamma(y_t - y_t^*) + $$
$$(1-\rho)\delta(e_t - e_t^*) + \rho i_{t-1} + \varepsilon_t \qquad (3-22)$$

$$\varepsilon_t = (1-\rho)(\beta\pi_{t+12} - E[\pi_{t+12}|\Omega_t]) + \gamma(y_t - y_t^* - E[y_t - y_t^*|\Omega_t])) + v_t$$
$$(3-23)$$

式(3-23)作为消除无法观测的预测变量的和误差项的线性组合。

3. 估计方法及结果

ADF、单位根检验的结果显示,汇率缺口序列在5%水平下拒绝存在单位根的原假设;GDP缺口序列在1%水平下拒绝存在单位根的原假设;短期利率、通货膨胀序列在10%水平下拒绝存在单位根的原假设。

本节采用GMM(广义矩)法来估计式(3-22)。工具变量选取自变量的当期至12期滞后值以及常数项(见表3-2)。

第三章 弗里德曼规则、托宾效应与经济增长

表 3-2　　　　　　　　　　GMM 方法的估计结果

系数				
α	β	γ	δ	ρ
1.947969*	-0.114033*	-0.001620*	-26.06982*	0.889874*
(0.087093)	(0.0437)	(0.000377)	(4.134038)	(0.015524)

注：括号中的数字为标准差，*表示在 1% 水平下显著。

估计结果显示，各自变量的估计系数均显著，表明产出缺口、通货膨胀率和汇率缺口均对短期利率有显著影响，也即对央行的货币政策有显著影响。其中，通货膨胀率与产出缺口的估计系数符号为负，表明央行会采取紧缩性的货币政策抑制经济增长过热；汇率缺口的符号为负，即汇率缺口的增大与利率的上升并存，这虽与理论模型的结论相悖，但却可以得到解释。造成这一结果的原因，一是均衡汇率的确定并不能简单地以 Hodrick-Prescott 滤波得到的趋势代替，进而会造成汇率缺口的计算错误；二是中国的特殊情况决定了人民币升值与紧缩性货币政策并存。

综合实证分析，从货币政策对经济变量的影响来看，货币供应量对实际产出和物价都有显著的影响。货币供给的增加导致产出迅速增加，然后物价也跟着增加。与货币供应量不同，利率对产出和物价的影响都不显著。利率增加没有导致通货膨胀率下降，与传统的经济理论相违背，存在着"价格之谜"。究其原因，可能与利率政策的制定方式有关。利率增加时，预期通货膨胀率的增加可能更大，预期实际利率反而降低，因此利率增加不能达到抑制物价的效果。这也说明目前的利率政策还不是调节宏观经济的有效工具，而货币供应量作为一个政策变量对宏观经济的调节是显著的。

小　结

弗里德曼规则在现实中是否可行或仅仅只是在理论上存在，在过去

中国货币政策的新政治经济学分析

40年里一直饱受争议。直到今天，批评者克鲁格曼（Krugman，2007）与支持者尼尔森和施瓦兹（Nelson and Schwartz，2008）仍然进行着激烈的争论。但弗里德曼规则是次优的，而且只能在非常严格的条件下才能成立（Lagos，2010），已经被越来越多的经济学家所承认和接受（Bhattacharya，2005；Shaw，2006；Gahvari，2006；Williamson，2008）。

如果一国的制度质量或金融发展水平都比较低，为了给公共支出融资，实行增长最大化战略的政府通常要选择较高的铸币税或通货膨胀税融资，或者提高税率，抑或两者兼而有之。这也许就是没有一个国家的中央银行实行弗里德曼规则的关键原因。

当前，中国金融市场并不发达，市场利率受政府严格监控。如果频繁运用数量控制工具调整货币供应量，会因为利率受政府控制而缺乏足够的可变性，而且在企业信贷需求对利率敏感度降低的情况下，中央银行难以通过利率等价格手段来调控货币数量，只能依赖信贷规模控制、调整准备金率等数量调节工具来控制货币数量。但如果货币需求函数不稳定，数量控制政策很有可能因调整力度过大而引发经济波动。

货币政策能否成功稳定经济增长不仅仅取决于自身，还取决于支持货币政策运行的法律和制度框架。尽管普遍认为和支持中央银行采用间接的货币政策工具，如存款准备金率和再折现率等。但实际上，还并不是很清楚这些工具能在多大程度上对转型和发展中国家有效。这样，间接调控工具的成功取决于货币政策传导渠道的质量。在转型或转轨的早期阶段，这些渠道的实际效果因不良贷款过多的影响而大打折扣，低效和刚性的存款准备金要求和债券市场的缺乏使公开市场操作效果并不显著。而更一般的情况是，改革可能会减少货币扩张所带来的政策制定者的利得。如果要使稳定政策的预期变得更可信，那么只有放开价格，加速对贸易自由化、银行和金融体系及信贷分配的改革，才能提高货币政策有效性及促进经济发展和增长。

第四章

以扩大就业为目标的最优货币政策

20世纪70年代,许多国家都采取了以货币主义处方为基础的货币政策,结果却经常发生由货币政策频频引起的衰退。如果政府的首要目标是治愈通货膨胀,那么他们失败的原因并非在于没有成功地降低通货膨胀。而是在于,在金融创新与放松管制的趋势下,要在真实世界中确定货币供给这一理论概念,似乎变得越来越难了。但与此同时,由此引发的以严重的产出衰退和失业为代价的通货膨胀治理成本和副作用,对大多数人来说也是如此高昂,以至于很难接受。

通货膨胀和失业一直都是一个国家和社会中主要的政治和经济议题,两者之间表象背后的更深层次问题是分配的不平等。跨国的实证研究表明,通货膨胀与收入不平等之间是高度正相关的(Desai et al., 2005; Cysne, 2005; Albanesi, 2007),导致这种分配冲突的来源是由政府制定的收入分配的制度质量(Chong and Gradstein, 2007)和政策决定的。通货膨胀的分配效应,对于那些受到损失的低收入阶层来说是不公平的,会使失业和收入不平等越来越严重。可以确定的是,即使获利者和损失者一样多,偏离预期的结果仍会加剧社会的紧张局势,使社会和谐和稳定遭遇严重挑战。同时,收入的再分配对经济活动的激励也有重要影响。高通货膨胀和高失业都严重威胁到中国经济繁荣和社会稳定。中国经济增长如果要实现由出口和投资拉动转向依靠内需,失业和工资就不可避免地成为影响消费的决定因素。但显然,中国近年来经济的高增长并没有带来高就业。中国的城镇失业和下岗现象日益严重,收入差距扩大与贫富分化导致一系列负面的政治、经济和社会影响。

第一节 传统的通货膨胀和失业理论

一般都认为通货膨胀可能带来就业的增长,菲利普斯曲线反映的就是通货膨胀与失业之间的这种关系。菲利普斯(Phillips,1958)最先发现英国近一个多世纪的通货膨胀和失业之间存在显著的统计关系,并正式提出了原始的菲利普斯曲线。该曲线是根据经验数据回归得到的货币工资率和失业率之间相互替代关系的简单曲线,即失业率上升,货币工资变动率下降;相反,货币工资变动率上升,失业率下降,并未考虑到预期等其他因素的影响。

萨缪尔森和索洛(Samuleson and Solow,1960)使用菲利普斯的方法对美国1900~1960年间通货膨胀与失业的数据进行分析,发现了相似的结果,同菲利普斯曲线所描述的情况是基本吻合的,并提出了著名的"失业—物价"菲利普斯曲线。该曲线揭示了通货膨胀率和失业率之间的权衡取舍关系,为政府制定宏观经济政策提供了理论依据,并很快成为西方宏观经济政策分析的基石。

随后,一系列研究工作也揭示其他国家的通货膨胀与失业同样在统计上高度负相关。虽然不知道这样相关性的存在原因,但是经济学家们纷纷依据这个发现提出建议,即通过提高通货膨胀率,政府可以降低失业率和增加产出。

菲利普斯曲线自创立以来,其阐释的通货膨胀和失业问题,就一直受到经济学家和宏观政策制定者的关注。在理论领域,由于菲利普斯曲线涉及非均衡经济问题,对菲利普斯曲线的证明和修正不断激励经济学家重新审视已有的理论并提出新的观点,由此推动了非均衡经济学的发展。在政策领域，各个学派依据自己改良的菲利普斯曲线模型，提出政策建议，进而对宏观经济决策和经济运行产生深远影响。

对菲利普斯曲线所质疑和修正主要涉及三个问题：一是个体预期行为是理性还是近似理性的？二是用实证估计的菲利普斯曲线究竟是什么形状，是向下倾斜、非线性、渐进性，抑或如同新古典宏观经济学所认定的是垂直的直线？三是工资率和失业之间是否存在着权衡关系。

当20世纪70年代出现"滞胀"现象时，菲利普斯曲线却不能给出合理的解释，也提不出有效的政策建议。菲利普斯曲线由此遭遇空前的理论危机，许多经济学派纷纷提出自己的理论试图予以取代，并用以解释"滞胀"，其中"适应性预期"假说最具影响力，该假说最早由卡甘（Cagan）在1956年提出。60年代末，弗里德曼（Friedman）等提出了自然失业率假设，认为货币和通货膨胀等名义变量在长期对产出和失业等实际宏观经济变量没有影响，货币是中性的，并提出了附加预期的菲利普斯曲线。建立在自然失业率和奥肯定律基础上的附加预期的菲利普斯曲线则认为，虽然菲利普斯曲线在短期存在，但从长期来看，菲利普斯曲线是一条垂直于自然失业率的直线。

1972年，新古典宏观经济学的代表人物卢卡斯（Lucase）创立了"理性预期"假说，即经济人会按照利益最大化的经济原则，尽可能地掌握更多的信息和知识，并且按照符合逻辑的方式，对这些信息加以整理和判别来消除系统误差，不会犯系统性错误，对未来通胀进行理性预期，并得出基本正确的结果。据此，理性预期学派认为不管是短期还是长期，菲利普斯曲线都是垂直的，失业率和通货膨胀率之间不存在权衡取舍关系。因此，旨在干预经济的宏观政策是无效的。

传统的菲利普斯曲线的缺点在于：虽然附加预期的菲利普斯曲线可以得到较好的拟合结果，但是适应性预期无法克服著名的卢卡斯批判，即政策的变迁会改变宏观经济模型中的总量关系。因此，政府无法有效利用总量关系来干预宏观经济。传统菲利普斯曲线一般都认为产出缺口是通货膨胀率的重要驱动因素，但是很难得到精确估计值。

原始的菲利普斯曲线和"失业—物价"菲利普斯曲线都认为,通货膨胀率和失业率之间存在着权衡替代关系。货币主义认为,货币因素和预期对产出的影响只是暂时性的,就业和产出的水平最终还是回归到"自然率"水平上。因此,在长期内,通货膨胀纯粹是一个货币现象,菲利普斯曲线应该是垂直而不是向下倾斜的。理性预期学派以理性预期假说为基础,指出实际经济变量始终不受货币数量变动的干扰,由此决定的失业率便始终是自然失业率。所以,不管是短期还是长期,菲利普斯曲线始终是一条垂直的直线,根本不存在通货膨胀率和失业率之间的权衡关系。

建立在理性预期和价格黏性基础上的菲利普斯曲线被称为新凯恩斯菲利普斯曲线。按照通货膨胀的解释原因,新凯恩斯菲利普斯曲线可以大致分为早期的基于产出缺口的模型和近期基于单位劳动成本的模型。新凯恩斯主义在接受理性预期假说的基础上,提出了混合菲利普斯曲线以及价格刚性的菲利普斯曲线等,认为菲利普斯曲线在长期是垂直的,但是在短期内仍然存在通货膨胀和失业的权衡关系,可以使用更高的通货膨胀为代价来换取较低的失业率。

在以后的几十年里,许多国家的政府都试图用扩张性的货币政策来刺激经济增长。然而,这个存在了一个多世纪的稳定关系—菲利普斯曲线却突然消失了,通货膨胀率的提高并没有伴随着产出和就业的增加。当前,经济学家们就此问题所达成了广泛共识,即通货膨胀与实际增长以及失业等其他实际经济活动指标的长期关系还存在一定程度的不确定性,特别是通货膨胀与长期失业不存在长期取舍关系(Walsh,2003)。

最近一些学者的计量分析也发现,通货膨胀和失业率之间不存在权衡关系(Cogley and Sbordone,2008)。但是,他们的结论与货币主义和理性预期学派又有所不同。货币主义和理性预期学派认为,虽然长期的权衡关系不存在,但存在着垂直的 Philps 曲线。但即使这样,最新的计量检验结果认为,即使是垂直的菲利普斯曲线也不存在,通货膨胀率和失业率之间不存在任何关系,并试图以此宣告菲利普斯曲线的死亡。卡斯托和亨利(Castle and Hendry,2009)重新检验了 1860~2004 年英国的菲利普斯曲线，发现从1860年至今，实际工资在名义上变动了500次后涨了6倍，法律、技术水平、社会财富分配和社会结构发生了巨大变化，原有的菲利普斯曲线所描述的关系已经瓦解。尼尔森（Nielsen，2009）则对此反驳说失业率和工资通货膨胀之间的关系也许会因为时代不同而改变，但并没有消失。

尽管近年来已有越来越多的文献开始对中国的菲利普斯曲线进行深入的探讨和研究，并尝试运用菲利普斯曲线去解释中国的经济现象，代表性的有陈彦斌（2008）、杨继生（2009）等。他们分别基于新凯恩斯混合菲利普斯曲线，考察了我国通货膨胀预期的性质以及流动性过剩对通货膨胀的影响。发现我国通货膨胀的动态性质具有短期新凯恩斯混合菲利普斯曲线的典型特征，同时存在着后顾型的适应性预期和前瞻性的理性预期。对零售商品价格而言，理性预期的影响略强于适应性预期；而对消费性服务价格，适应性预期要强于理性预期。通胀预期的特征和流动性过剩的具体影响均表明：明确公布并执行的紧缩性货币政策对抑制通货膨胀是有效的。但总的说来，中国的菲利普斯曲线形式不同于西方，而且没有统一的结论。

第二节 中国通货膨胀的特征

中国绝大多数下游商品价格已放开，上游产品特别是能源等基础产品，大部分由国家控制，但国内和国际油价之间，国内的价格指数与国际的价格指数之间都高度正相关。如果全球能源价格和初级产品价格上升，首先会引致进口能源价格和初级产品价格上涨，其次造成工业品出厂价格指数上涨，最终影响居民消费价格指数。

发展中国家为实现其赶超战略往往会压低要素价格，实施出口导向的工业化战略。但这种扭曲，一方面带来宏观效率损失，经济增长很难长期持续下去。另一方面，在开放条件下，这种扭曲也会放大外部冲击，加剧国内宏观经济波动。就中国目前而言，要素价格本来就已扭曲，同时，又面临新的价格管制。资源价格的控制使得供求矛盾进一步恶化。而国际上资源能源价格越上涨，国内的调价压力就越大，最终会导致价格管制难以持续。特别是在全球化和开放经济条件下，某种程度上，过度被压低和扭曲的价格体系在是对其他国家进行补贴。这非但不能真正减缓国内成本推动压力，相反会推动国内（投资）需求的进一步上升，加大通货膨胀压力。特别是，扭曲的价格使得粗放的增长方式得以持续，经济也得以高速增长，并且会不断积累通货膨胀压力。政府对要素市场的管制会对经济具有重要的影响，大量的实证研究表明许多政府管制是无效的，有些甚至起到了负面的作用。仰炬等（2008）研究了我国粮食市场政府管制的有效性，认为国内外市场不存在长期均衡关系是政府市场管制有效性的前提。

另外，由于人民币汇率升值预期，引起外资大量流入，再加上中国的大量贸易顺差，积累了巨额外汇储备。并且汇率弹性的不足，形成基础货币投放中外汇占款的大量增加，再加上中央银行通过发行债券、票据等各种手段进行对冲的效果并不明显，最后导致了基础货币过快增长。基础货币的增加通过货币乘数作用可传递到货币供应量 M_1 和 M_2，最终会对物价产生影响。

一、中国通货膨胀的成因分析

林伯强和牟敦国（2008）研究了石油与煤炭价格对中国经济的影响度与相关性。发现能源价格上涨对中国经济具有紧缩作用，但对不同产业的紧缩程度不一致，能源价格除了影响经济增长，还将推动产业结构变化。就目前中国的经济结构来看，能源价格上涨除造成实际产出下降外，还有可能造成通货膨胀压力，而且也存在滞胀的可能，有可能出现持续的成本推动型通货膨胀甚至滞胀。

借助中国城乡住户抽样调查统计，朱玲（2008）认为中国的食品和能源价格上涨幅度虽然低于国际市场，但已实际上已对低收入群体产生冲击。城市低收入户用低价食品替代高价食品；农户实际消费总支出降低，恩格尔系数增大，衣着和燃料支出比重减少。农户的膳食更加不均衡，贫困群体的营养不足状况加剧。因此，需要全社会共同行动，由政府采取应急措施，停止补贴以食品为原料的生物能源企业，针对贫困人口实施食品救助。从中长期看，需要遏制垄断，改善竞争环境，消除食品和能源价格扭曲。黄季焜等（2009）认为中长期的粮价将呈上升趋势，我国政府粮价控制政策在稳定国内粮食价格方面发挥了重要作用，但农民没有从过去3年多全球粮价上涨中获得应得的利益。

刘弘和姜国麟（2009）研究了1985年以来中国通货膨胀的成因，发现政策失误理论模型是最贴切解释中国通货膨胀成因的理论模型。从总体上讲，通货膨胀主要是政府追求高经济增长造成的，只不过在不同的时期，引发通货膨胀的主要表现形式可能是需求过度膨胀或生产要素成本急剧上升的连锁反应，或赤字财政引发的需求膨胀，或三者兼而有之。

需求拉动型还是成本推动型通货膨胀是2007年中国通货膨胀问题争论的焦点，通货膨胀类型的差异隐含着不同治理政策选择。范志勇（2008）的实证检验表明货币供给而非超额工资增长是导致通货膨胀变化的主要因素。中国实际GDP、能源价格以及通货膨胀之间存在着长期均衡关系，能源价格变动对经济增长短期呈现负向冲击，由此引起的成本推动是通货膨胀的主要原因（杨柳和李力，2006）。外汇储备、货币供给量和国内投资引发了通货膨胀率上升，而贸易开放度抑制了通货膨胀，其中外汇储备是影响长期通货膨胀最重要的因素（方先明等，2006；黄新飞和舒元，2007）。杨丽萍等（2008）用VAR研究了银行信贷、货币供应量对国内物价水平的长期均衡关系，认为两者都对物价有明显的正效应，货币供应量的影响更大。

中国通货膨胀率的动态变化路径具有明显的结构转变特征（刘金全等，2006）。通货膨胀率水平和通货膨胀不确定性表现出长期记忆性行为，通货膨胀率水平对通货膨胀不确定性存在显著的Granger影响关系（刘金全等，2007）。通货膨胀对政策变化的反应速度缓慢，货币政策的滞后效应依然非常明显（张成思，2008）。彭方平等（2008）以金融机构存贷差为流动性过剩度量指标显示：自2000年以来，中国经济明显处于流动性过剩状态；流动性过剩削弱了央行货币政策对物价水平的调控能力，但货币政策对实际产出的影响能力，反而有所加强。张岐山和张代强（2008）发现中国通胀率的波动路径是一个具有局部单位根的门限自回归过程，并且可以划分为加速和减速通胀状态。在两个状态下，中国通胀率都具有高持久性，并且加速通胀阶段的持久性更高。

尽管中国经济增长与宏观稳定课题组（2008）认为防止经济增长过快，调整要素价格抑制投资需求膨胀，以及提高汇率机制弹性以增强货币政策独立性将是治理中国通胀的根本途径。但实际上，中国不仅仅是石油、铜、铁矿石、橡胶等大宗商品及大豆等农产品的世界主要进口国，而且还是和包括铜、铝、钢铁、煤炭、小麦、糖、棉花、黄金、白银等在内的世界重要大宗商品主要生产国和消费国。但中国在国际商品和金融市场上缺乏定价权，在面临外生型的通货膨胀时，只能做被动的接受者。旨在降低通货膨胀的紧缩性政策会产生相当高的政治、经济和社会调整成本，尤其是这些政策效果较小，而效果却需要一段时间才能体现出来。

二、汇率的传递效应

汇率与商品价格是一国宏观经济的两个重要经济变量，汇率的变动会引起进出口商品价格的变动，进而对一国的物价水平产生影响。按照传统的购买力平价理论，汇率变动会反映到商品价格中去。但是20世纪70年代后期，布雷顿森林体系解体之后，国际汇率体系由固定汇率制向浮动汇率制转换，许多学者的研究发现汇率对商品价格的传递存在不完全传递现象，这就是"汇率传递（exchange rate pass-through）现象"。

中国的高对外贸易依存度使外需成为拉动经济增长的重要动力。人民币相对于美元升值和国内面临的通货膨胀问题影响着经济增长和社会稳定。那么人民币名义有效汇率的变动是否就是国内通货膨胀的主要原因？

人民币汇率变动对价格水平的传递程度是决定汇率调节中国贸易收支以及稳定国内物价水平的一个关键因素。平均来看，1994～2007 年期间汇率变动等外部冲击对国内价格变动只有适度的解释力，但 2005 年 7 月人民币汇改以后，人民币升值对降低国内通货膨胀有比较显著的解释力；人民币名义有效汇率对不同消费品价格的传递率存在显著差异，其中对食品、家庭设备类消费品价格的传递程度明显高于对其他类消费品价格的传递程度。汇率冲击对降低国内通货膨胀有较大贡献，名义有效汇率对不同类别消费品价格的传递效率存在显著差异（施建淮等，2008）。不同类型商品出口价格的汇率弹性存在较大差异，进口商品存在着不完全传递现象，对于原材料类产品，汇率对价格的影响是相当迅速的，随着深加工的进行会出现时滞（王琼和曹伟，2008）。通过调节人民币名义有效汇率对解决中国的外部失衡有一定的作用，制定货币政策时需积极关注汇率变动等外部冲击（朱路和于李娜，2008）。

对新兴市场国家来说，当面临着如世界利率和贸易等外部冲击时，金融部门会放大冲击的影响，并造成宏观经济波动，汇率传递的程度成为评价货币政策效果的关键变量。德弗鲁等（Devereux et al., 2006）认为当存在高汇率传递效应时，稳定汇率意味着对稳定真实经济和通货膨胀的权衡，此时的最优货币政策规则是稳定非贸易商品的价格稳定。当存在滞后的传递效应时，则不存在权衡问题，此时的最优货币政策则是 CPI 价格稳定。

三、通货膨胀的福利成本和铸币税

税收、借债和印钞票是政府常用来融资的三种方式。中国的税收基础相当不足，逃税现象严重，低收入者很多。政府无法再施加较高的税收负担。另外中国的税务管理也很弱，缺乏效率，而且在一些程度上存在腐败。这些结构性特征与各种对政府支出水平的政治及其他方面的约束结合在一起，导致了政府收入高度依赖于从金融压抑和发行货币所得到的收入，依赖于通货膨胀税以及过度的债务融资。在这样的情况下，政府很难通过税收和借债继续为公共部门财政支出融资。因此政府有发起一场通货膨胀的动机,即使用通货膨胀来为政府的支出和财政赤字融资。

通货膨胀不但是政府的一种隐性税收,还会扭曲私人部门的经济活动。陈利平(2003)讨论了通货膨胀的福利成本。汪洋(2005)估算了2003年从货币收入中获得铸币税收入的规模。龚六堂等(2005)分析了通货膨胀对社会福利的影响,给出了通货膨胀的福利损失的估计。陈彦斌和马莉莉(2007)计算和比较了中国通货膨胀的福利成本。吴汉洪和崔永(2006)探讨了中国铸币税的征收与通货膨胀的关系。张健华和张怀清(2009)通过测算发现货币发行是人民银行铸币税的主要来源。但总的说来,目前并未就中国通货膨胀税或铸币税达成一致看法。

埃森和维加(Aisen and Veiga, 2008)对包括中国在内的约100个国家面板数据回归估计显示,特别是在发展中国家,社会两极分化严重的国家,政治越不稳定会导致更高的铸币税收入。中央银行排他性分配铸币税的权利的强弱也反映了其治理能力(Ize, 2007)。由于通货膨胀税在发达国家政府收入的来源中不占主要部分,中国的通货膨胀税及其造成的福利损失与发达国家如美国、加拿大和意大利等相比要高得多(Lucase, 2000; Serletis and Yavari, 2004; Serletis and Yavari, 2005)。因此,将通货膨胀率保持在较低的水平对提高中国的经济福利水平是有利的。发展中国家中,非税收收入占总收入的比例要比发达国家的相应数值高很多。发展中国家税收征集往往被其有限的行政能力和政治因素所限制,再加上这些国家内部发行国债的空间有限,导致了政府更多地依靠铸币收入。因此,往往会带来比工业化国家更高的通货膨胀。旨在降低通货膨胀的紧缩性政策会产生相当高的政治成本,尤其是这些政策效果较小,而却需要通过一段时间才会展现。

第三节 中国的失业与就业

失业问题已经成为当前中国所面临的最普遍和最严重的政治、经济、社会问题之一,并已引起社会各界广泛的关注。国家统计局目前所公布的失业率和失业人数,既没有包括农村的失业人员,也没有包括城镇的下岗人员和隐性失业人员。虽然城镇登记失业率反映了中国失业人口在不断上升的趋势,但不能真正反映失业问题的现状及其严重程度。

一、中国失业的现状

中国改革开放四十年来的经济高速增长并没有带来显性就业。官方公布的中国城镇失业率从2003年最高的4.3%到2009年底的4%,一般都稳定在4%左右。基于可变参数的假设,曾湘全和于泳(2006)估算了1992~2004年随时间变动的自然失业率曲线。结果显示,自1992年以来,中国具有不断升高的自然失业率,并在2002年达到最大值;其后,自然失业率一直在4.8%~5.6%的范围内波动,相对稳定。但是,吉尔斯等(Giles et al.,2005)的独立调查显示中国城市永久居民的失业率早已上升到11.1%。中国实际失业情况可能更为严峻。

中国目前正处于经济结构的加速转型时期,随着工业化进程的推进和经济结构持续调整,就业结构调整的步伐加快。从产业经济学的角度看,中国整体产业结构由工业化初中期向中后期过渡,资金密集型和技术密集型产业比重不断增加,劳动密集型产业比重却没有提高,导致原有的就业岗位不断减少,新的就业机会尚未出现。原来是就业主渠道的第一产业开始释放劳动力,第二产业由原来的短缺经济转变为买方市场,企业的"关、停、并、转、破"使得下岗失业人数急剧增加。本来应该成为吸纳劳动力的主渠道的第三产业发展缓慢,不仅制约了普通劳动力的就业容量也压制了对知识劳动者的吸纳能力。

结构转变的加快和青年就业问题是失业人口增加的主要原因。中国已经出现青年人就业困难的现象。劳动部的调查报告显示失业人员当中,青年失业者偏多,35岁以下的人员占53%。而到2004年,这一比例更上升到了70%。随着近年来高校扩招,作为青年的一个特殊群体——高校毕业生，同样出现了就业难的问题。加上中国高校毕业生逐年增多的特殊现实，青年失业问题不会在短期内得到解决。尽管产生这一问题深层次原因比较复杂，但可以肯定的是，与劳动力市场的其他群体相比，青年失业突出地表现为结构性、摩擦性和自愿性失业，更进一步导致了自然失业率的上升。赖国胜和田永坡（2005）认为现阶段出现的"知识失业"，在很大程度上是由劳动力市场的制度性分割引起的。因此，应该逐步消除劳动力市场的制度性分割，鼓励大学毕业生到西部和农村就业，在确定高等教育的发展规模时不能一味扩招，需要适当考虑劳动力市场的发育状况。

就业困难无疑是因为中国人口过多，劳动力供给远超过需求。而且由于劳动力市场不健全、产业结构调整和各种劳动市场的管制，政府主导投资的就业增长效果并不显著，从而导致在经济增长的同时没有显性的就业增长。

劳动力市场的分割在解释发展中国家城市中的贫困、失业和就业不足方面起着重要作用。在中国，由于存在着户籍制度、社会保障制度、子女入学、购房限制等制度约束，农村劳动力难以进入城市正规部门就业，一般劳动力难以进入国有部门尤其是国有垄断部门就业。因此，应该逐步消除劳动力市场的制度性分割来扩大就业（赖德胜和田永坡，2005）。中国特定的社会经济制度和隐性失业的存在使得中国就业人数变动表现得与产量增减无关（胡永刚和刘方，2008）。波特罗等（Botero et al.，2004）对包括中国在内的85个国家的就业和社会保障法律制度研究结果显示，劳动力市场的高度管制会导致高失业率，特别是对年轻人而言。扎内蒂（Zanetti，2008）建立了一个新凯恩斯主义模型进行分析发现商品和劳动市场的管制减少了工资和价格的可变性，降低了宏观经济中真实产出的波动。

弗里德曼（2009）研究了73个经济体的数据来分析全球范围内劳动市场的管制对失业的影响，其中既包括发达国家发展中国家和转型国家，也发现了一样的结果，除了对年轻人的潜在影响外，在劳动力市场讨价还价的能力对妇女的失业率也有影响，最高和最低工资标准对失业率只有很少的影响。

李明等（2010）认为中国迈向市场经济的转型是商品市场先行发育，包括劳动力市场在内的要素市场缓慢演进的。理论上，劳动力市场的制度性分割越大，人们就越有可能认识到个人努力对改变自身社会经济地位的作用越小，从而能在弱化激励的同时，诱发出对政治体系的不满。

现阶段严峻的就业形势和经济增长方式转变是中国社会关注的热点问题，中国劳动就业的波动主要是由非技术波动引起的。这意味着，在分析中国劳动力市场和制定相关政策时，要考虑商品市场和劳动力市场中的非完全竞争因素（王君斌和王文甫，2010）。

20世纪90年代以来，中国的就业增长主要是通过中小企业、民营经济以及非正规经济，通过逐渐发展起来的劳动力市场机制所容纳的（蔡昉和王美艳，2004）。绝大部分劳动密集型的中小企业既没有税收又没有金融优惠政策，中小企业面临的融资"瓶颈"尤为突出，发展相对不足，结果导致大量就业机会消失，农村大量富余劳动力无法转移到非农产业，城乡二元经济结构也难以消除，致使城乡差距扩大的趋势加剧。目前的劳动保护机制也与市场经济不相适应，农村迁移工人的保护尤其不足（朱玲，2009）。

经济危机下，上升的不仅有失业率，还有犯罪率。中国社科院发布的2010年《法治蓝皮书》显示，2009年中国犯罪数量打破了2000年以来一直保持的平稳态势，出现大幅增长。其中，暴力犯罪、财产犯罪等案件大量增加。据蓝皮书，2009年1~10月，中国刑事案件立案数和治安案件发现受理数大幅增长，刑事案件数增幅在10%以上，治安案件数增幅达20%左右，全年刑事立案数达到530万件，治安案件数达到990万件。经济环境转差使得犯罪分子性情更为暴烈，手段更为残忍。蓝皮书指出，杀人、抢劫、强奸等严重暴力犯罪案件在2009年出现了较大幅度的增长。这是2001年以来，中国暴力犯罪的首次增长。此前近十年间，中国的暴力犯罪一直呈下降态势，且下降幅度较为明显。由于社会还没有完全走出金融危机阴影，一些群体就业困难，贫富差距加大，相对贫困人口增加，加上各种如征地、拆迁和改制等引发社会矛盾而导致各种群体性事件多发，维持社会稳定的压力并不会减轻。中国的暴力犯罪、侵犯财产犯罪、经济犯罪仍会维持高发态势。中国社会治安恶化和刑事犯罪率的上升在很大程度上可以归因于经济转型过程中低收入群体特别是弱势群体就业条件下降。就业条件的下降导致低收入群体生存条件恶化，从而诱使可更多的人群"理性"地选择了犯罪（陈春良和易君健，2009）。

经济改革期间，廉价的非熟练农村劳动力大量向城市工业、服务业转移，构成了中国经济增长的一个主要推动因素。20世纪90年代以后，城市化的步伐加快，城市化率从1978年的9.7%上升到2007年的45%，这意味着3.5亿农村人口已经通过流动或就地城市化的途径转变为城市人口，这成为城市迅速增长的工业和服务业所需劳动力的主要来源。劳动力从低生产率的农业向较高生产率的城市非农产业转移，改善了资源配置效率。但是由于中国在分配体制上向城市倾斜，城市居民拥有更多的社会财富，比如公共医疗、教育、公共交通等等，但由于城市能提供的公共服务有限，进一步加大了失业率。但近年来劳动力数量增长趋缓、平均教育程度上升、工资和社保成本上升，而产业部门对非熟练劳动力需求下降，对专业技术工人需求则上升。这些改变意味着，低素质劳动力在经济中的重要性下降，而人力资本的重要性上升。

因为劳动力供给中存在"水平效应"的收益递减特性，中国巨大的人口资源并没有有效转化为人力资本，中国的发展也不可能长期依赖"人口红利"，必须转到经济内生型增长的道路上来（中国经济增长与宏观稳定课题组，2007）。一般来说，经济增长能够有效扩大就业。但中国的实际情况却是经济增长与扩大就业日趋脱节，就业增长落后于经济增长。

改革开放后释放了巨大的生产力，但自20世纪80年代以来，中国的就业弹性一直处于下降的过程（蔡昉等，2004），2007年的就业弹性为0.007。实现劳动力的充分就业是所有宏观经济政策的终极目标之一，也是现代所有国家经济发展追求的目的。在实现经济高速增长的同时，也要实现充分就业。因此，中国应当考虑把扩大就业作为宏观调控的优先目标，并建立和完善与社会主义市场经济体制相适应的就业管理体制，改革就业制度，促进劳动力的有序流动和资源的合理布局，从政策和管理上引导劳动人口流入需要的行业和缺乏劳动力的行业，流入到中小城市和小城镇，解决劳动力供给与需求的结构性错位问题。提高劳动力市场的运行效率，调整优化经济结构，大力发展新型工业和现代服务业，优化社会资源配置，拓展和扩大就业空间。

二、户籍制度对就业的影响

中国的二元户籍制度是和计划经济体制以及重工业发展道路相联系在一起的。中华人民共和国成立后，新中国确立并推行了一条重工业优先发展的战略。然而，在几乎是一片空白的基础上，要优先发展资本密集型的重工业，必然面临资本原始积累和原料来源的问题。中国是一个典型的农业国家，这些资源只能来自农业部门。因此，政府必须用行政手段集中组织和配置社会经济资源，进行强制性工业化积累。具体通过工农业产品的不等价交换和税收等形式把农业中的资源强制转移到工业领域，以支持工业发展。但是，由于重工业本身是资本密集型产业，对劳动力的吸收有限。工业化过程不仅无法使农村剩余劳动力实现产业转移，并且城市本身也面临巨大的就业压力。为了控制劳动力从农村流出，同时保证城市居民充分就业以及避免其他福利的外溢，户籍制度便应运而生。政府只得采取行政措施迫使大量农村剩余劳动力在农村从事农业，并且动员、遣返大量城市工人、知识青年到农村，以减轻城市就业压力。中国第一个户籍管理法规——《中华人民共和国户口登记条例》，以法律形式严格控制农村人口流入城市。由于能够有效地把农村人口排斥在城市之外，城市居民所享有的福利，诸如就业、住房、医疗、教育、幼托、养老等制度也就可以随之建立了。这就是中国二元户籍制度形成的历史背景。

这种重工业优先、以农补工、城乡二元分割的经济模式和依附于其上的户籍管理模式，在发展初期确实很有效。中国用了30年左右的时间便初步奠定了工业化基础，产业结构转换速度也远远快于世界发达国家。但这种发展战略从长期来看已经导致整体效率的严重低下，二元制的户籍制度又进一步固化了这种低效率。

事实上，中国"二元经济"特征的最突出的表现就是"城乡分隔"。城乡分隔是指在以身份约束为核心的一整套行政措施限定下，人为造成的城乡经济分隔局面。身份约束等一整套行政措施的基础是户籍管理制度，这种制度把人口一分为二：农业人口和非农业人口。并且，户籍制度严格限制农业人口转为非农业人口。这就使作为主要生产要素之一的劳动力的自由流动受到严格限制，并使得中国居民分成两部分：享受高福利待遇的城镇居民和福利很少的农村居民。

在中国原有的二元户籍制度下，人口不能正常迁移，人力资源不能合理流动。造成农村人口、资本不能进入城市，内地不能到沿海，镇不能到市，小城市不能到大城市，使各种生产要素难以优化配置。农民和城市居民、农村和城市之间的合作和交易都因此受阻，双方都成为受害者。农民的损失包括：不能享受与城市居民同等的社会福利，农村几乎没有社会保障机制；限制了农民的就业选择空间，二元体制下的劳动用工制度使农民很难有找到好工作的机会；农村教育资源的匮乏阻碍农民素质的提高，导致其人力资本贫乏等等。这都是原有户籍制度下形成的壁垒，户籍制度的存在使得城乡的资源优化配置由于交易成本过高而无法实现。

中国户籍制度还造成了中国的"社会空间等级"现象。户籍制度通过对异地户口迁移的管制，使得社会差别得以固化和凸现。如果仅仅有区域间经济发展的不均衡，并不一定造成社会差别，因为人们可以通过自由迁移来改变自己的劣势地位，从而可以平衡和消解部分社会差别。但是，如果异地迁移权被剥夺，区域发展不均衡就变成了社会空间差别，仅仅因为户口在落后地区，就难以获得在发达地区的发展机会（陆益龙，2006）。

农民在入党、职业地位、经济收入和教育等方面的机会明显少于城市居民。这已是众所周知和不争的事实，这主要是因为在农村，政治和经济资源分配相对较少。二元体制内农村居民因户口只能在农村从事农业，而且农业收入又在制度和政策安排下相对于非农产业普遍偏低。虽然在改革开放后,农村户口者可以流向城镇寻找工作,但他们仍被排斥在城市体制之外,只能享受临时工、合同工、个体户的待遇,而不能享有体制内配置的津贴、福利和保障等待遇,更谈不到进入高层次的岗位。制度性排斥使得那些户口不能迁移的流动者难以享受体制内的待遇和资源。

户籍歧视所造成的城乡差距是不容忽视的,除劳动合同方面外,农民工在工资、养老保险、医疗保险、失业保险、教育以及工会参与等方面均遭到户籍歧视(姚先国和赖普清,2004)。邢春冰(2008)考察了农民工与城镇职工的收入差距发轫结果表明,农民工的平均劳动收入水平显著低于城镇职工,农民工与城镇职工小时收入的差异有90%左右是由劳动者的特征差异造成的,价格差异所导致的收入差异仅为10%。教育水平始终是造成两者收入差距的最主要原因。陈斌开等(2010)研究了政府教育投入对城乡收入差距的影响及其作用机制。发现教育水平差异是中国城乡收入差距最重要的影响因素,其贡献程度达到34.69%。城市偏向的教育经费投入政策是城乡教育水平、城乡收入差距扩大的重要决定因素。陈斌开等(2009)定量考察了1990~2005年间性别、教育、地区和经验等因素对中国城镇居民劳动收入差距及其演变的贡献。研究发现:(1)选择性偏误对于研究城镇居民劳动收入差距的影响不容忽视;(2)地区差异对劳动收入差距的贡献趋于上升;(3)教育的贡献总体上趋于增大;(4)经验的贡献持续下降。进一步分析表明,中国经济转型过程中所有制结构变迁、工资制度改革等制度性因素,以及经济增长过程中快速的产业结构变迁和技术进步是1990~2005年间城镇居民劳动收入差距变化的重要原因。

2007年农村居民人均收入实现了自1985年以来的最高增幅,但与此同时城乡居民收入绝对差距首破万元,也成为改革开放多年来,城乡居民收入差距最大的一年。2010年国家统计局的数据显示,2009年城乡居民收入差距仍然持续扩大。究其根本原因,依然是农民收入基数低,同时受现有国民收入分配格局的影响,农民收入的增速低于国民经济和城镇居民收入的增速。

农民的收入增长过缓致使他们与其他社会阶层的利益差距也越来越大。国有和集体企业的下岗失业职工增多,他们中一些人由于年龄、知识和技能方面的原因,面临再就业的困难;农民工的劳动条件和劳动待遇长期都没有明显的改善。有相当部分人的相对经济地位还有所下降,甚至有一部分人的绝对收入水平和生活水平都在下降。在近两年食品价格有较大提高的情况下,生活消费的恩格尔系数(食品支出占消费总支出的比重)在50%以上的低收入群体,生活遇到新的困难,而这个低收入群体,基本上都属于农民和下岗工人。

目前,务工收入占农民人均纯收入的近40%,是农民增收的主力,农民工大规模失业将严重打击农民收入。农民收入增长难度加和农民工失业或将加剧城乡社会矛盾,危及城乡社会稳定,将加大城市公共服务体制和社会治安的压力。本来是经济问题的失业可能会引发社会不稳定因素甚至演变为政治问题。

从经济结构看,工农、城乡差距过大,而工业体系又效率低下,无力吸收农村劳动力,人民生活水平提高很慢。从人力资源配置看,二元体制下户籍制度违背了市场经济运行的基本要求,阻碍了农村剩余劳动力的空间转移,人力资源不能合理流动。在城市,由于政府要维持低工资制度,不得不向城市居民提供大量的住房、医疗、粮食、教育等补贴。这种补贴使得城市本身已显得人口负担过重,农村剩余劳动力资源向城市的转移就更不可能了。最终的结果使得农民日益贫困,而城市的劳动力价格又难以下降,从而城市的发展也受到限制。

在现行户籍制度安排下,城市间的户口迁移也受到严格控制,这意味着个人在城市间的移动性比较低。虽然经过行政许可的工作调动可以迁移户口,但现实的就业体制仍然首先将本地户口作为进入的条件,尤其在大城市更为明显。加上资源是按照城市行政级别来配置,省会市比地级及以下市总能获得更多的资源配置,因而发展机会也按城市级别来分布,这就导致社会分层的城市等级制。譬如两位同样学历的人,一位进入直辖市,一位进入县级市,即使他们从事同样的职业,但两个人的收入差别通常是巨大的。这一差别并非个体性差异的,而是制度性的。因为,假如没有户口迁移限制,进入县级市的人也可能迁往机会更多的直辖市,这样便可减少差距。最终,有能力者会尽可能在机会多的地方发展。于是,个人与个人之间的差别就主要受人力资本或其他个人因素的作用影响,而不会成为制度性的差别。

一个人拥有的知识、技能、教养等综合能力与物质资本具有同样的提高生产率的功能。这种能力又可以分为通过学校教育得到的、通用性较强的一般性人力资本和在工作实践中体验得到的、专业性较强的特殊人力资本。前者通常用个人的最终学历或在学的年数,后者用工龄来表示。在现实中,由于种族、性别、年龄的不同,人们在就业竞争、工资待遇等方面常常要面临一些难以逾越的有形无形的歧视。刘文忻和杜凤莲(2008)研究了失业与中国城镇人口收入差距,未失业者与再就业者收入差距中的40%来源于失业,60%来源于人力资本的差异。由于二元劳动力市场的存在,能否找到一份好的工作,主要靠的不是个人的能力和努力程度,而是户口的所在地及其性质甚至是家庭社会关系。这样的情况长期下去,必然会丧失部分农民外出就业的积极性。

统一城乡户籍并不意味着相关社会问题会随之解决。户籍彻底废除有一个前提,即社会保障、就业、医疗、教育等方面要全国统一。目前的问题是中国的财政、医疗、教育等资源都不是全国均等分配的,地区差别太大。人口流动也应是双向的,农民可以进城,市民也应可以下乡。但目前市民变农民的门槛同样很高,因为农村户口涉及土地承包问题。很明显,户籍制度改革的困难在于目前的户籍制度除了人口管理的功能之外,还附着了一系列现实利益分配和冲突的问题。

统一城乡户籍的管理同时也就意味着原来的农村居民享有城市居民的医疗保障、失业保障、子女就学等一系列由城市政府财政负担的公共利益。户籍制度的进一步改革无疑会增加流动人口的数量。但与此同时,中国大中城市对于外来人口的容纳能力仍然是相当有限的。诸多矛盾和现实条件的制约,使得户籍制度的改革面临着重重困难。由此,可以理解为什么政府不愿意彻底改革户籍制度。目前中国的财政转移支付制度是地方财政收入和支出挂钩，所以，地方政府都有希望尽可能减少辖区内居民数量，进而减少财政支出的激励，所以没有一个地方政府愿意承担其他地区居民的公共服务。可以说，正是存在着诸多的现实利益冲突，所以户籍制度在改革的过程中才会出现那么多的矛盾和困难。

户籍制度阻碍社会经济发展和社会公平，不利于和谐社会的建设，尽快取消户籍限制已是大势所趋。但是由于在户籍制度所承载和附加的各种利益关系异常复杂，户籍制度改革面临着诸多的社会矛盾，在现实社会中会引发一系列社会、经济和政治问题，而且有可能付出很大的政治经济代价。

第四节 "就业目标制"的最优货币政策模型

由于缺乏准确的失业率和失业人数的数据，再考虑到数据可得性和数据质量以及中国就业统计中存在的一些问题，如目前公布的城镇登记失业率范围不全，与国际上通行的失业率定义不一致。即使利用中国历年统计年鉴和国家统计局的数据如 CPI、城镇失业率或用 HP 滤波计算产出缺口等办法，不论是使用线性还是非线性回归模型，VAR 或 VEC 等，通过脉冲响应函数、ADF 检验，Johnson 检验或 Granger 因果检验等计量经济学方法都会得出从 2006 年一季度开始至 2008 年 9 月中国的通货膨胀上升导致了失业率的下降和产出的增加的结果。因此，进行计量分析的可行性和可信性不高。

不论在学术界还是政策执行部门，通货膨胀一直都是货币政策关注的重心。迄今为止，全球已有 26 个发达国家和发展中国家的中央银行正式采用通货膨胀目标制作为货币政策的运作框架。除了芬兰和西班牙为加入欧元区外，还没有一个国家主动放弃通货膨胀目标制。实行通货膨胀目标制的发达国家仅在抑制通货膨胀上有明显成效，而在实现其他宏观经济目标上却十分有限（Lin and Ye, 2007）。长期来看，发展中国家采用通胀目标制并不能改善经济绩效,反而会导致较低的产出增长率,除表现出中央银行通货膨胀厌恶的偏好外,降低通货膨胀的成本并不比采用其他货币制度低(Brito and Bystedt,2010)。通货膨胀目标制对降低通货膨胀率和通货膨胀易变性的有效性是异质的,受到财政状况、中央银行限制汇率波动的意愿、采用的时间长度及先决条件等的限制(Lin and Ye,2009)。相比其他货币制度而言,通胀目标制并不显得更成功。同时由于中央银行过于关注通货膨胀,以至于容易以忽略其他宏观经济目标为代价,忽视了货币政策对实体经济的影响,其潜在成本还没有显现出来(Walsh,2009)。特别是目前在全球金融危机的影响下,各国中央银行也不得不面对短期的通货膨胀—产出的艰难权衡。由此,自然而然地考虑到是否有比通货膨胀更优越的货币制度。

由于货币政策的时滞和货币政策传导机制的不畅,中国尚未完全具备实施通货膨胀目标制所需的制度和经济条件,因而现阶段在开放经济条件下,通货膨胀目标制并非中国这样的发展中国家的最优货币政策选择,也无助于解决货币政策的低效率问题(陈利平,2007)。

通货膨胀不仅仅是工具还是目标,然而中央银行还有其他目标,如促进就业、汇率稳定和经济增长等。在这里通过在名义刚性的假设下建立一个世代交叠模型,来研究中央银行能否实行以扩大就业为目标的最优货币政策。

一、模型

考虑一个带生产的世代交叠模型,包括厂商、家庭和政府3个部门。

家庭部门生存两期,在第 t 期,劳动 N_t,消费 C_t,在第 t+1 期消费 C_{2t+1},最大化相邻两期效用的期望值:

$$U_t = \alpha_t \log C_{1t} + \log C_{2t+1} - (1+\alpha_t)N_t \quad (4-1)$$

这里 $\alpha_t > 0$ 是需求冲击,家庭部门在其每个生命周期服遵循"现金先行"(cash in advance)约束。

$$M_{1t} \geq P_t C_{1t}, \quad M_{2t+1} \geq P_{t+1} C_{2t+1} \qquad (4-2)$$

货币总量为 $M_t = M_{1t} + M_{2t}$，既然年轻代理人在 t 期开始生活时并没有任何资产，他们不得不从银行以利率 i 借入 $P_t C_{1t}$ 来满足现金先行约束。相应地，银行获得利润 Λ_t：

$$\Lambda_t = i P_t C_{1t} \qquad (4-3)$$

这些利润 Λ_t 通过一次性支付给年轻代理人。在第 t 期代表性厂商用劳动 N_t 生产的产出为 Y_t。Z_t 是对所有厂商的技术冲击，这里假设两种冲击 α_t 和 Z_t 是独立同分布的。

$$Y_t = Z_t N_t \qquad (4-4)$$

二、最优货币政策的标准

中央银行货币政策工具为名义利率 i_t，货币政策可以表达成某种利率规则，即中央银行怎样调节名义利率来应对不同的冲击。

为了评估利率政策的最优性，这里参考萨缪尔森（1967）世代交叠模型的标准，并假设在第 t 期时政府要最大化函数：

$$V_t = E_t \sum_{s=t-1}^{\infty} \beta^{s-t} U_s \qquad (4-5)$$

从 $s = t-1$ 开始计算，因为在第 $t-1$ 期出生的年老代理人在第 t 期仍生存。重新调整式（4-5），加入常量，V_t 可以被写成：

$$V_t = E_t \sum_{s=t-1}^{\infty} \beta^{s-t} U_s \qquad (4-6)$$

$$\Delta_t = \alpha_t \log C_{1t} + \frac{1}{\beta} \log C_{2t} - (1 + \alpha_t) N_t \qquad (4-7)$$

三、市场均衡

Ω_t 代表在第 t 期开始时年老代理人持有的金融财富，根据式（4-2）的 100% 的现金现行约束，他们的消费为：

$$P_t C_{2t} = \Omega_t \qquad (4-8)$$

在第 t 期出生的年轻代理人，获得工资 $W_t N_t$，企业的利润为 $\psi_t = P_t Y_t - W_t N_t$，中央银行的利润为 Λ_t，如果在每一时刻开始时消费 C_{1t}，在每一时刻结束时积累的金融财富为 Ω_{t+1}：

$$\Omega_{t+1} = (W_t N_t + \psi_t + \Lambda_t) - (1 + i_t) P_t C_{1t} \qquad (4-9)$$

在式（4-8）里，$\log C_{2t}$ 的期望值等于 $\log \Omega_{t+1}$，这样在第 t 期，年轻代理人的预期效用最大化就可以通过选择 C_{1t} 和 N_t 可以通过如下方程解出：

$$\max\left\{\alpha_t \log C_{1t} + \frac{1}{\beta}\log C_{2t} - (1+\alpha_t) N_t\right\} \text{s. t. ,}$$

$$\Omega_{t+1} = (W_t N_t + \psi_t + \Lambda_t) - (1 + i_t) P_t C_{1t}$$

考虑到 C_{1t} 和 N_t 的一阶条件为：

$$P_t C_{1t} = \frac{\alpha_t}{1+\alpha_t} \frac{W_t N_t + \psi_t + \Lambda_t}{1 + i_t} \qquad (4-10)$$

$$W_t = W_t N_t + \psi_t + \Lambda_t \qquad (4-11)$$

商品市场达到均衡条件的为总消费等于总产出：

$$C_{1t} + C_{2t} = Y_t = Z_t N_t \qquad (4-12)$$

利用利润的定义 $\psi_t = P_t Y_t - W_t N_t$，结合式（4-3）、式（4-8）、式（4-10）、式（4-11）和式（4-12），去掉式（4-10）和式（4-11），得到如下简单的表达式：

$$P_t C_{1t} = \frac{\alpha_t \Omega_t}{1 + i_t} \qquad (4-13)$$

$$W_t = (1 + \alpha_t) \Omega_t \qquad (4-14)$$

如果企业在自己的供给曲线上，价格等于边际成本：

$$P_t = \frac{W_t}{Z_t} \qquad (4-15)$$

最后要指出的是，既然中央银行的获利 Λ_t 要在家庭部门重新分配，Ω_t 仍然是常量。结合式（4-3）、式（4-8）、式（4-9）和式（4-12），可以得到：

$$\Omega_{t+1} = P_t Y_t - (1+i_t) P_t C_{1t} + \Lambda_t = P_t C_{2t} = \Omega_t = \Omega \qquad (4-16)$$

从式（4-14）和式（4-15）可以得到瓦尔拉斯均衡下的工资和价格 W_t^* 和 P_t^*：

$$W_t^* = (1+\alpha_t)\Omega_t, \quad P_t^* = \frac{(1+\alpha_t)\Omega_t}{Z_t} \qquad (4-17)$$

四、事先预设的工资均衡

这里假定工资是预先设定的，根据传统文献的假设预先设定的工资等于瓦尔拉斯均衡下的工资的期望值，也就是说：

$$W_t = E_{t-1}W_t^* \qquad (4-18)$$

考虑到式（4-17）得到：

$$W_t = E_{t-1}[(1+\alpha)\Omega] = (1+\alpha_a)\Omega \qquad (4-19)$$

这里：

$$\alpha_a = E(\alpha_t) \qquad (4-20)$$

由于工资预先设定，式（4-14）反映了家庭部门的劳动供给行为，其他均衡条件如式（4-8）、式（4-12）、式（4-13）和式（4-15）仍然有效。结合式（4-19）可以得出：

$$C_{1t} = \frac{\alpha_t Z_t}{(1+\alpha_a)(1+i_t)} \qquad (4-21)$$

$$C_{2t} = \frac{Z_t}{1+\alpha_a} \qquad (4-22)$$

$$N_t = \frac{\alpha_t}{(1+\alpha_t)(1+i_t)} + \frac{1}{1+\alpha_a} \qquad (4-23)$$

五、预设工资下的最优利率

最大化在各种冲击条件下的值：

$$\Delta_t = \alpha_t \log C_{1t} + \frac{1}{\beta}\log C_{2t} - (1+\alpha_t)N_t \qquad (4-24)$$

利用式（4-21）、式（4-22）和式（4-23），可以得到

$$\Delta_t = \alpha_t \log\left[\frac{\alpha_t Z_t}{(1+\alpha_t)(1+i_t)}\right] + \frac{1}{\beta}\log\left(\frac{Z_t}{1+\alpha_t}\right) -$$

$$(1+\alpha_t)\left[\frac{\alpha_t}{(1+\alpha_a)(1+i_t)} + \frac{1}{1+\alpha_t}\right] \qquad (4-25)$$

就 i_t 最大化式（4-25），考虑到 i_t 是正的事实，可以得到在预设工资条件下的最优货币政策即式（4-26）。

$$1 + i_t = \max\left(1, \frac{1+\alpha_t}{1+\alpha_a}\right) \qquad (4-26)$$

从式（4-26）中可以发现经济无法达到最优状态，但在工资预先设定下的最优货币政策是可以存在的。

六、就业作为目标

在各种冲击无法被准确观测到的情况下，中央银行必须使用替代变量来应对冲击。传统的工具变量是通货膨胀，这里使用就业作为替代。

如果采用式（4-26）中所描述的最优货币政策规则，通过组合式（4-23）和式（4-26），可以得出就业率的水平：

$$N_t = \min\left(\frac{\alpha_t}{1+\alpha_t} + \frac{1}{1+\alpha_a}, \frac{\alpha_t}{1+\alpha_a} + \frac{1}{1+\alpha_a}\right) \qquad (4-27)$$

从 N_t 可以导出需求冲击 α_t：

$$\frac{1}{1+\alpha_t} = \min\left[1 - N_t + \frac{1}{1+\alpha_a}, \frac{\alpha_t}{(1+\alpha_a)N_t}\right] \qquad (4-28)$$

式（4-24）中的最优货币政策规则可以被改写为：

$$\frac{1}{1+i_t} = \min\left[1, \frac{1+\alpha_a}{1+\alpha_t}\right] \qquad (4-29)$$

把 $1/(1+\alpha_t)$ 插入式（4-28）得到

$$\frac{1}{1+i_t} = \min\left[1, (1+\alpha_a)(1-N_t)+1, \frac{1}{N_t}\right] \qquad (4-30)$$

最优货币政策规则就为：

$$\frac{1}{1+i_t} = \max\left[0,\ (1+\alpha_a)(N_t - 1)\right] \quad (4-31)$$

这里假设利率规则是任何通货膨胀的函数 $\Pi_t = P_t/P_{t-1}$，与将通货膨胀作为目标相比较，那么最好的办法是保持利率为常量，这意味着劣于以就业为目标。

七、通货膨胀作为货币政策的目标

组合式（4-15）和式（4-19）发现在一个预设工资下的价格均衡为：

$$P_t = \frac{W_t}{Z_t} = \frac{(1+\alpha_a)\Omega}{Z_t} \quad (4-32)$$

计算 $\Pi_t = P_t/P_{t-1} = Z_t/Z_{t-1}$，既然 Z_t 和 α_t 相互独立，那么 Π_t 和 α_t 也相互独立。最大化式（4-32）的期望值：

$$\Delta_t = \alpha_t \log\left[\frac{\alpha_t Z_t}{(1+\alpha_t)(1+i_t)}\right] + \frac{1}{\beta}\log\left(\frac{Z_t}{1+\alpha_t}\right) -$$

$$(1+\alpha_t)\left[\frac{\alpha_t}{(1+\alpha_a)(1+i_t)} + \frac{1}{1+\alpha_a}\right] \quad (4-33)$$

i_t 相对于 α_t 独立，消掉常数项后进行压缩并最大化 Z_t：

$$E = \left[-\alpha_t \log(1+i_t) - \frac{\alpha_t(1+\alpha_t)}{(1+\alpha_a)(1+i_t)}\right] \quad (4-34)$$

考虑 i_t，得到：

$$\frac{E[\alpha_t(1+\alpha_t)]}{(1+\alpha_t)(1+i_t)^2} - \frac{\alpha_a}{1+i_t} = 0 \quad (4-35)$$

利用等式 $E(\alpha_t^2) = \alpha_a^2 + \sigma^2$，得到：

$$i_t = \frac{\sigma^2}{\alpha_a(1+\alpha_a)} \quad (4-36)$$

最优利率规则为：

$$i = \frac{\sigma^2}{\alpha_a(1+\alpha_a)},\ \sigma^2 = \text{Var}(\alpha_t) \quad (4-37)$$

通过模型分析发现，经济受到需求和供给冲击的约束。在试图求出最优利率规则的封闭解的过程中，通过把就业作为一个目标和工具变量的最优利率规则存在而且可以被执行，把通货膨胀作为一个目标和工具变量反而会导致更低的效用水平。

第五节　分析和讨论

经济学家就各种遏制通货膨胀和失业政策的得失展开了激烈的争论。凯恩斯主义认为可以运用货币和财政政策的组合，调节总需求，恢复投资者的信心，来控制经济周期。当衰退来临时，政府应增加其支出并减少税收。相反，在出现通货膨胀的迹象时，应减少政府收入和增加税收。这样政府和政策制定者就能够调整经济，永远保持稳定的增长。但当中央银行过量发行货币，从而人为地压低利率时。低利率造成了过度借贷和支出，这反过来又引起了通货膨胀。20世纪70年代扩张性的财政及货币政策证明不仅不能支持有效需求，实际上反而通过加剧通货膨胀恶化了资本积累的境况。财政政策和货币政策既不能防止通货膨胀危机也不能扭转失业率的长期上升。不断增加的通货膨胀导致中低收入阶层储蓄贬值，与此同时，在给定了的名义税收计划的条件下，通货膨胀所引起的名义收入增加导致了人民更加沉重的税赋负担，导致了对产品的需求不足，最终限制了生产，于是危机的根源在于低消费。最后，中央银行必须紧缩货币供给，提高利率，并造成一场衰退，使经济回落到较低的增长率上。高利率对中小企业和农业等资本密集行业损害最大。由于这些部门并非价格上涨的主要来源，紧缩货币无助于遏制通货膨胀。而且，在衰退中损失最大的农民、工人和中小企业不是通货膨胀的制造者。因此，放慢经济增长以控制通货膨胀不仅是无效率的，而且是不公正的。

凯恩斯的需求管理工具对20世纪70年代的滞胀束手无策。传统的凯恩斯主义经济政策能够应付失业或通货膨胀，却无法应付两者同时发生的局面。其之所以能够在70年代前发挥效力的原因在于，经济具有足够的竞争性，从而较低的失业水平便可抑制通货膨胀。然而，经济全球化决定了凯恩斯主义必然失败。当国家经济相对自主时，政府运用能够提高工资和总需求的政策来刺激增长，而且比较有效。但在经济全球化中，这些政策只能产生负面影响。高工资会提高企业成本，降低出口能力，企业只有将资本转移到成本较低的国家和地区。提高利率来抑制通货膨胀无异于火上浇油，通过放慢经济增长速度来抑制通货膨胀的传统政策已经不再可行。

就凯恩斯主义看来，不同市场的长期失衡会具有一定持久性的失业时期，应该实行旨在影响总需求的稳定政策来治理失业。相反，新古典经济学把商业周期看作是一种受冲击约束的均衡状态运动。根据这种观点，旨在稳定总需求的稳定政策并非必不可少。因为，总产出的均衡水平取决于实际变量，而稳定政策对于实际变量不产生任何影响。在中短期，一般认为各种商品市场通过价格机制来达到均衡，而劳动力市场则单独倾向于持久失衡。稳定总需求的措施似乎只有在工资显示某种名义刚性（名义工资对一般价格水平变动的反应具有一定的时滞性）时才会有效。当这种名义刚性缺位时，稳定政策就会无效，并且只影响通货膨胀率。因此，失业是实际工资刚性的结果。据此，应该采取供给方面的政策来影响失业。

高失业率和低失业率国家相比，既不是因为职位创造率低，也并非因为劳动生产率提高而遭遇高失业率。旨在短期内刺激总需求制止失业的经济政策具有一定的有效性，不过在长期内对取决于经济结构性特征的失业水平而言，旨在刺激需求的宏观经济政策没有任何影响。原则上，作用于总需求的宏观经济政策应该对长期失业只产生很小的作用，但很可能对短期失业产生正面影响。相反，作用于供给方面的政策具有改变劳动力市场长期均衡的结构性效应。政府在短期提高货币供应量增长率，仅仅是为了达到稳定的目的。需求政策通常在短期内（2~5年内）具有显著的效果。新古典宏观经济学认为，一般来说，如果行为主体能够形成理性预期，那么，公开宣布的需求政策即使在短期内也不会产生效果。因为不可能在长期内通过系统性的增加总需求来经常欺骗经济行为主体，他们最终至少在一定程度上能够预期到价格与需求增长之间的关系，进而预期到扩张性政策的影响。总之，扩张性需求政策在长期内只会对就业产生非常有效的影响，并且主要是导致通货膨胀加剧。

政府管理实践也已经证明，仅通过控制货币供给来获得和谐的经济增长是不可能的，失业以及金融投资和经济波动引起的收入和财富分配的更加不公平。正是中央银行对经济的过度刺激创造了产生衰退的条件，凯恩斯主义增加政府支出的处方只能使问题更加严重。凯恩斯主义无力应付通货膨胀与衰退同时出现的局面，政府成为通货膨胀和失业的根源。

供给学派认为通货膨胀和失业的原因在于政府管制、征税和政府项目的低效率提高了成本。新古典经济学认为政府过去在过去防止衰退的成功使寻租联盟和利益集团得到了强化，这损害了市场的效率和灵活性，经济会逐渐地被由能够压制竞争的利益集团造成的"社会僵化"所窒息，一旦这些集团操纵政府去增进其自身利益，市场就会丧失活力，经济就必然会衰退。

现代自由主义者还反对货币主义紧缩货币的政策建议。更一般地说，现代自由主义者反对所有通过放慢经济增长来抑制通货膨胀的政策。更高的政治稳定性、收入平等和制度质量会减少政府为财政赤字融资而对铸币税收入的依赖，有助于降低通货膨胀，保持经济增长和促进经济繁荣。

通货膨胀时期会使经济和政治失调，从而威胁到繁荣和社会秩序。衰退时期产生的几种难题是失业、犯罪及不适合人们需要的过剩。供给学派、货币主义和新古典经济学指责政府启动了通货膨胀和失业，政府通过政府债务来支持赤字支出是将现期的负担转嫁给尚不能参加投票的后代。同样政治家也会增加货币供给创造繁荣的假象，因为选民关注的是短期就业和收入，尽管这种好处会被通货膨胀所淹没。经济一旦被政治化，资源配置就不再是自然和必然的过程，收入分配将取决于利益集团之间激烈的斗争。更为平等的财富和收入分配可以保证足够的消费支出，并减少经济对富有投资者情绪的依赖，从而促进稳定。

作为发展中国家的中国在治理通货膨胀和失业问题上和发达国家的通

中国货币政策的新政治经济学分析

货膨胀和失业表面看起来是相似的经济问题，但实际上隐藏在背后更深层次的问题是分配的不平等。收入的再分配对经济活动的激励也有重要影响。政府通过通货膨胀税从真实货币余额持有人手中攫取资源，再在各种支出和转移项目中将这些财富重新分配给其他阶层。即使通货膨胀并没有降低真实劳动工资水平，但是只要人们意识到分配的不公平，同样也会引起社会动乱。同时由于收入分配差距的不断扩大，少部分人集中了社会的大部分财富，劳动收入的增长率低于劳动生产率的增长率，使劳动收入在国民收入中所占的份额不断下降，大多数工薪阶层和广大农民的收入只能满足最基本的生活开支，整个社会的消费需求不足。

王少平和欧阳志刚（2007）计算并度量了城乡收入差距的泰尔指数，认为改革初期的城乡收入差距促进了经济增长，而现阶段城乡收入差距的扩大对经济增长产生阻滞作用。家庭结构变动、家庭的小型化及家庭抚幼养老功能的削弱，在不同家庭成员之间会有不同的感受。比如，在集体经济时期度过的一代人，他们经济积累很少，目前他们已经或即将进入老年。可见，在中国现阶段，从经济支配能力上看，家庭代际中经济状况也有比较突出的强弱之分。那些福利待遇低的弱势老年人对子女的依赖程度提高，家庭养老负担将随之加重，甚至会降低生活水平和品质。这些都是社会不和谐的因素，也是社会不安定的迹象。

一个人生活的结果应该主要反映他本人的努力和天赋，而不是他的背景。先天的情况，如性别、种族、出生地、家庭背景，以及他出生于其中的社会集团，不应该成为他在经济、社会和政治方面是否成功的决定因素。教育和医疗卫生服务的均等化程度是影响人们之间机会均等程度的两个主要因素。两个天赋完全相同的人仅仅因为出生在不同的家庭，能够获得的教育和医疗卫生服务就可能有极大的差异，以致其中一个人从一开始就注定不可能过上同样的生活。

改革的前期即 1978~1990 年间，中国很多社会基层家庭的子女，能够走出其父母所在的低阶层的机会，远高于 20 世纪 90 年代初这一时期之后。因为在这之前，中国的教育机会尤其是高等教育的资源，在社会上分布得较广泛，家庭所承担的教育支出较少，主要由国家承担。这样，很多贫寒子弟可以通过高等教育，在社会上获得上升的机会和渠道。但是，1990年之后，中国的社会流动变得越来越困难。特别是到了90年代末及21世纪初，就更难发现大面积的、来自中国社会底层的青年人找到上升的机会——那些既无权也无钱的家庭出身的子女，他们改变自己命运的机会太渺茫了。

在中国这样一个人口大国，教育和医疗卫生方面的机会均等尤其具有特殊的意义。均等的机会使得所有人的天赋和潜能都能有机会发展成为创造能力，从而可以把一个人口大国转化为人力资源大国，机会的不均等则使人口当中的很大部分失去这样的机会，人口大国最后不得不成为失业和社会救济大国。

在当今收入差距不断扩大的情况下，非市场的因素其中起了重要作用。这包括因制度不健全和管理不善造成的公共资金及自然资源收益流失、寻租和权钱交易等腐败行为带来的收入以及垄断性收入等等。这些因素使收入分配中出现了"灰色收入"甚至"黑色收入"，并明显向少数人倾斜，形成了某些既得利益集团，扩大了实际的社会收入差距，是造成社会分配不公和导致社会不满的主要原因。这些问题之所以成为难以解决的顽症，在于现行的管理体制不完善，制度不健全，权力没有受到监督。

贫穷已经成为并不只是比社会上其他人穷多少这回事，而是没有争取财富最基本的机会——因为缺乏一定的最低限度的权利和能力。现在出现所谓的弱势群体、失地农民工、下岗工人、蜗居、蚁族等现象的本质根本就不是收入多少的问题，而根本原因就是缺乏最低限度的权利和能力，即一个人在社会中可以掌控自己所拥有的选择权利和机会，能不能机会均等的享有权利和能力。权利和能力成为决定了劳动者能不能"体面"和"有尊严"劳动的关键因素。到现在如果还继续执行这样的政策，在某种意义来说是分配不公、机会不均。严重的收入分配失衡和城乡、区域和行业差距使得社会不断向贫富两极分化，削弱经济发展和改革前行的内在动力，影响改革和发展的持续性，长此以往还会加剧社会的不稳定性，甚至可能导致社会震荡和危机。因此可以说，中国社会和经济现在已经发展到公平就是效率的阶段。

　　基于个人能力和公平竞争导致的效率和收入差距不是社会争议的焦点，真正引起人们不满或加剧社会分配失衡的根源，在于人们参与市场竞争的机会不平等以及竞争过程中的不平等。劳动力流动中的体制性歧视是导致收入差距扩大的重要制度原因。影响收入差距扩大的原因还有：缺乏有效的劳资协调机制、行政性垄断对分配关系的扭曲及政府职能转变滞后的影响。就收入分配关系而言，政府依然介入市场较深，必然制约政府在维护市场主体平等权利、保证公平竞争方面职能的发挥，同时也影响到政府再分配职能和公共政策对社会收入分配的有效调节。进行政治体制的改革，建立透明、廉洁的政府，只有在生产过程的初次分配中就实现公平与效率的统一才能缩小贫富差距，促进和谐增长。当前收入分配存在恶化的趋势，需要尽快消除各种价格扭曲和行政性垄断。

　　收入分配和财富占有方式的不公正是当前社会稳定的最大威胁。世界各国在正反两方面的经验和教训说明，缩小底层阶层的人数规模，促使社会底层成员以合法合理的方式向上流动；约束社会上层的越轨行为；扩大社会中间层，防止社会中层成员滑落到社会的下层等，都是社会进步、稳定和发展所必需的条件。

　　中国过去的改革和发展的成功关键在于惠及了中国大多数人，而现在，改革和发展的成果有从惠及大众向仅惠及少数人或既得利益集团集中的趋势，这不仅仅是对社会公正的挑战，也将大大增加社会不稳定和发展停滞的危险。近年来实行的关注民生的政策在一定程度上缓和了这些矛盾，提高了大众的福利水平。但惠民政策不能代替体制改革，只有坚定不移地推进政治体制改革，首先是推进政府管理体制改革和政府职能转换，才有可能从根本上解决这些问题。中国政府管理体制改革已经在逐步推进。但目前来看，政治体制改革的实际进程仍然明显滞后于预期目标。对这方面的改革，关系到中国的前途和长远发展，是继续改革的方向所在。在经济体制转轨时期，在从计划经济到市场经济过渡的进程中遇到了很多的矛盾和问题。如何设计一个好的制度，实现机会公平和过程公平，兼顾结果公平才是中国当前必须解决的最为紧要的根本问题。

应当承认，改革开放后中国的制度建设和法制化已经取得了举世瞩目的成绩。同时，毋庸讳言，从体制改革到制度建设是一个很大的转变。这些年来，许多深层次的制度问题并没有得到解决。某些问题不只是局限在经济体制领域，某些问题涉及既得利益集团，仅仅做表层和局部改动是难以解决的。发展中国家从贫穷走向富裕的最大障碍，不是要素禀赋稀缺、收入水平低，国际竞争力弱，也不是人口太多、缺乏外援，而是缺乏一种有效的制度。制度建设是一个巨大的工程，法制化和民主化是相辅相成的。当中国的社会主义市场经济发展到目前的阶段，不是回到传统的国家所有制和政府管制经济，而应是加速市场化改革，实现建立与完善民主与法治的政治制度。经济发展的目标不仅仅是经济结构的改变、经济增长和收入得到公平分配。更重要的是，人们应普遍地享有更多的自由和机会。

在一个以市场化改革为取向的制度变迁或体制创新的过程中，通过深化改革，克服影响社会和谐的体制弊端，建立新的社会制度规范，建立与完善民主、法治的政治制度为和谐社会提供新的制度保障。在政治和社会生活领域把公平放在第一位，形成合理、公正的社会分配结构，遏制收入差距扩大的趋势，使改革发展的成果能够给低收入阶层和社会弱势群体带来更大的实惠。

现代社会是由不同的利益群体组成，希望大家都能牺牲自己的利益来消弭冲突、实现和谐不仅是不可能的，也是不现实。再和谐的社会也不可能消除而只能设法协调这些不同利益之间的冲突。解决不同社会群体间利益冲突的正确途径应该是让这些利益冲突在公平的制度框架内得到充分表达、互相竞争，进而得到合理协调。从这个意义上讲，和谐社会就是不同社会群体的利益都能在公平的制度框架内得到合理表达、竞争和保障的社会。

小　结

中国正处在经济体制转轨时期,在从计划经济到市场经济过渡的进程中遇到了很多的矛盾和问题。就货币政策而言,中央银行可以考虑通过金融体系运用货币政策工具调节投资和消费,进而影响总供给和总需求,平衡供求关系,推动市场均衡,扩大就业,从而有利于实现分配关系和谐。

第五章

开放经济条件下中国的
最优货币政策分析

开放经济和全球化条件下,国际贸易和国际金融使国与国之间的经济相互依赖性不断增强。经济扰动在各国间的传导成为新开放宏观经济学所关注的一个重要问题,这种溢出效应的一个主要来源就是政府的货币政策。

货币政策作为真实的决定因素进入经济体系并在整个经济运行中起到非常重要的作用。货币变量的改变如何影响产出与就业以及真实增长率、通货膨胀、实际工资、利润、汇率、国际收支平衡等都是人们关注的中心[1]。不同国家和地区中央银行的货币政策对各自经济的影响,比以往任何时候都更有决定意义。

传统的 Mundell – Fleming 框架下和新开放宏观经济学的大量研究文献都更倾向于实施内向型的货币政策和浮动汇率制,因为浮动汇率制可以使国内产出和就业免受国外冲击的影响。在给定的约束条件下,尽管货币政策制定者的目标是最大化其国内社会福利函数或最小化其损失函数,但是一国的货币政策还会影响其他国家的经济条件和经济政策抉择。如果每个国家都追求自己完全独立的政策,就整个世界而言,总体看来可能不是最优的。

经过四十多年的改革开放,中国经济已经越来越和全球经济融合在一

---

[1] 卡尔·E. 沃什:《货币理论与政策》,上海财经大学出版社 2004 年版。

起。在一个开放的经济环境下，独立的货币政策成为中国经济改革的必要条件。如果中央银行希望推行针对国内目标的独立货币政策，如经济增长、低通货膨胀率和充分就业等，那么，自由浮动的汇率制度就将是不可或缺的。

第一节　货币政策的博弈分析

一、国际货币政策协调

世界各国的中央银行是否应该进行政策协调不是一个新话题，很多文献都对此进行了讨论。门德尔（Mundell，1961）、麦吉宾（McKibbin，1997）、奥伯斯菲尔德和罗格夫（Obstfeld and Rogoff，1995）最早进行了研究，克拉里达等（Clarida et al.，2002），刘和佩巴（Liu and Pappa，2008）、贝尼格诺（Benigno，2008）代表了最新的进展。传统文献对货币政策协调能否带来福利增加仍然有争议。新开放宏观经济学则一致认为在理论上货币政策协调带来福利增加是存在的，但在增加的幅度上是非常有限的。

现实中，美元在世界经济中占有独一无二的位置，它代表着世界货币。在这个意义上美元就是世界商品和资产的交易方式和计价单位，国际证券投资和官方外汇储备的价值标准。美联储的负债也就变成了整个世界的价值标准与最终支付手段（McKinnon，2002）。美元的特殊地位使美国可以使用货币政策将国际经济驾驭在通货膨胀与通货紧缩之间。美联储实际上控制着其他国家的中央银行，并且就像制定国内货币政策那样有效地为全球货币政策定下基调。在货币政策博弈的纳什均衡里，美国占主导地位，决定着世界货币政策。

2008年全球金融危机并没有从根本上动摇美元的国际地位。2018年，全球 GDP 总量达到 84 万亿美元，其中美国继续稳居第一，达到 20.5 万亿美元，占世界 GDP 比重的 24%，相比 2017 年美国经济总量占全球 24.4%进一步下降。同期，中国 GDP 达到 13.4 万亿美元，占世界 GDP 的比重，从 2017 年的 15.4%，增加到 2018 年的 16%。在未来很长的时间里，美国还是世界上头号政治、经济、军事、科技强国，同时还有人口结构、自然资源禀赋等优势。

IMF 统计数据显示，截至 2018 年第四季度，各经济体央行持有的外汇储备中，人民币资产占比升至 1.89%，全球的央行 61.7%的货币储备是以美元持有，连续第三个季度回落，降至 2013 年以来的最低水平。美元 2018 年 9 月底的份额为 61.9%，欧元和日元份额都有增长，美元作为世界储备货币，意味着美国作为世界中央银行在世界经济中的主导地位，美国巨额的财政赤字靠发行国债和利用外国资本解决，最终是靠印刷钞票、美元贬值弥补。现在世界贸易 80%以美元定价和支付，地位虽较以前有所削弱，但目前仍占绝对优势。欧元和其他货币短期内都还难以取代美元的地位，美元作为世界储备货币仍要持续很长时间。

受 2008 年全球金融危机影响，美国经济增长虽然已恢复增长，但世界经济仍在举步蹒跚。在美国升息而全球其他中央银行联手降息刺激经济应对经济增长乏力的外部约束下，各国的货币政策也将不得不相应做出调整。中国如果仍然坚持自己的高利率（相对于世界利率）政策会面临巨大的经济和政治成本（财富从国内向国外的转移）。但怎样的国内货币政策才是合理的？肯定不是放弃仍然保留地对货币政策的控制权，将其全部交给几个强国的中央银行或一个国际机构决定。

二、货币政策的博弈模型

考虑一个简单的两国模型。在这个模型中，每个国家有三个目标（实际产出、国际收支平衡、通货膨胀）、两个政策工具（财政政策和货币政策）。通常这类问题中，政策制定者的福利函数是用损失函数来表示的，也就是目标的实际值与理想值背离的函数。通常假设损失函数是二次型的，这里也遵循传统假设，最优政策问题就是将成本函数最小化。为简化分析，做静态分析而非动态最优化分析，实际上也不会改变分析结果。

模型中用 y，b，π 分别表示本国产出、国际收支平衡和通货膨胀率预期目标值的偏离，带 * 号的字符表示相对应国家的变量。双方的福利函数为：

$$W = \frac{1}{2}y^2 + w_b b^2 + \frac{1}{2}w_\pi \pi^2 \quad (5-1)$$

$$W^* = \frac{1}{2}y^{*2} + w_b^* b^2 + \frac{1}{2}w_p^* \pi^{*2} \quad (5-2)$$

在式（5-1）和式（5-2）中，w_b 和 w_π 分别表示国际收支和通货膨胀相对于产出的权重。用 g（政府支出）和 m（货币供给）表示两个政策工具。

对要实现的经济目标而言，采用何种模型来表示两国经济并无差异，只要反映两国之间的相互依赖性就可以了。

$$y = y(m, g, m^*, g^*) \quad (5-3)$$

$$x = x(m, g, m^*, g^*) \quad (5-4)$$

$$\pi = \pi(m, g, m^*, g^*) \quad (5-5)$$

$$y^* = y^*(m, g, m^*, g^*) \quad (5-6)$$

$$x^* = x^*(m, g, m^*, g^*) \quad (5-7)$$

$$\pi^* = \pi^*(m, g, m^*, g^*) \quad (5-8)$$

其中，各函数的性质和对政策变量求偏导的导数（政策乘数）取决于潜在的结构性模型。这样，便可以用政策工具的形式来表示福利函数，即：

$$W = W(m, g, m^*, g^*) \quad (5-9)$$

$$W^* = W^*(m, g, m^*, g^*) \quad (5-10)$$

政策工具变化带来的边际福利效果，如式（5-11）、式（5-12）、式（5-13）、式（5-14）、式（5-15）、式（5-16）、式（5-17）和

第五章　开放经济条件下中国的最优货币政策分析

式（5-18）所示：

$$\frac{\partial W}{\partial m} = y\frac{\partial y}{\partial m} + bw_b\frac{\partial b}{\partial m} + \pi w_\pi\frac{\partial \pi}{\partial m} \tag{5-11}$$

$$\frac{\partial W}{\partial g} = y\frac{\partial y}{\partial g} + xw_b\frac{\partial b}{\partial g} + \pi w_\pi\frac{\partial \pi}{\partial g} \tag{5-12}$$

$$\frac{\partial W}{\partial m^*} = y\frac{\partial y}{\partial m^*} + bw_b\frac{\partial b}{\partial m^*} + \pi w_\pi\frac{\partial \pi}{\partial m^*} \tag{5-13}$$

$$\frac{\partial W}{\partial g^*} = y\frac{\partial y}{\partial g^*} + pw_b\frac{\partial b}{\partial g^*} + \pi w_\pi\frac{\partial \pi}{\partial g^*} \tag{5-14}$$

$$\frac{\partial W^*}{\partial m} = y^*\frac{\partial y^*}{\partial m} + x^* w_b^*\frac{\partial b^*}{\partial m} + \pi^* w_\pi^*\frac{\partial \pi^*}{\partial m} \tag{5-15}$$

$$\frac{\partial W^*}{\partial g} = y^*\frac{\partial y^*}{\partial g} + p^* w_b^*\frac{\partial b^*}{\partial g} + \pi^* w_\pi^*\frac{\partial \pi^*}{\partial g} \tag{5-16}$$

$$\frac{\partial W^*}{\partial m^*} = y^*\frac{\partial y^*}{\partial m^*} + p^* w_b^*\frac{\partial b^*}{\partial m^*} + \pi^* w_\pi^*\frac{\partial \pi^*}{\partial m^*} \tag{5-17}$$

$$\frac{\partial W^*}{\partial g^*} = y^*\frac{\partial y^*}{\partial g^*} + p^* w_b^*\frac{\partial b^*}{\partial g^*} + \pi^* w_\pi^*\frac{\partial \pi^*}{\partial g^*} \tag{5-18}$$

总体最优的一阶条件要求所有的偏导数都等于0$\left(\frac{\partial W}{\partial m}=0,\text{等等}\right)$。当每个国家都忽略本国政策给外国的影响时（纳什非合作均衡），只需要前两个$\left(\frac{\partial W}{\partial m}=\frac{\partial W}{\partial g}=0\right)$和最后两个方程式$\left(\frac{\partial W^*}{\partial m^*}=\frac{\partial W^*}{\partial g^*}=0\right)$来求解。但显然，这样求得的结果是次优的。不能保证求得的m，g，m*和g*满足其他最优条件$\left(\frac{\partial W}{\partial m^*}=0,\text{等等}\right)$。这表明合作是更优的解。

表5-1描述了美国和中国的两种策略（扩张性货币政策和紧缩性货币政策），两种目标（就业和国际收支平衡）的简单博弈。如果两个国家都采取扩张性的政策，两国的就业和国际收支平衡目标都会改善。如果两国都采取紧缩性的政策，两国都能在实现国际收支平衡目标的同时遭受经济衰退和失业率上升。如果美国采用扩张的政策而中国采用紧缩的政策，那么美国的国际收支平衡会改善而且就业增加，中国的国际收支平衡会恶

化而且失业率上升。如果美国采用紧缩的政策而中国采用扩张的政策,那么美国的国际收支平衡会恶化而且就业率下降,中国的国际收支平衡会恶化但失业率下降。按照博弈论的分析,如果一个国家扩张,另一个却不这样做,那么前者将受益,后者将受损。在非合作的条件下,考虑最常用的古诺－纳什均衡,每个国家假定本国不能影响对方国家的决策,因此对方的政策是给定的。在这种前提下,每个国家以最大化本国福利为目标来选择政策工具。由于美国是主导者,知道其自身的行为将影响中国的决定,并且知道中国的反应,必然采取扩张性的货币政策。

表 5-1　　　　　　　　　国际货币政策博弈的支付矩阵

中国	美国	
	紧缩	扩张
紧缩	两国的国际收支都平衡但失业率升高	美国就业率上升和国际收支平衡,中国两项都恶化
扩张	中国就业和国际收支平衡都改善,美国两项都恶化	两国就业和国际收支平衡都改善

美国的巨额财政赤字和扩张性的货币政策,会引起美元贬值和通货膨胀在全球范围内不可避免的传播。在现实中,中国没有多少选择,要减少福利损失只能采取扩张性的货币政策。如果两国采取合作和政策协调,那么它们的福利都会有所改善。当然,这取决于两国讨价还价的能力。

第二节　人民币汇率和汇率制度的选择

一、人民币汇率的研究

近 20 多年来,尤其是最近几年,人民币汇率的研究大多是以西方的汇率理论为依据的。其中典型应用的理论是卡赛尔（Cassel，1918）的购买力平价理论（purchase power parity，PPP），及其最著名的修正和扩展 Harrod – Balassa – Samuelson 效应①（Harrod，1933；Balassa，1964；Samuelson，1964）。

早期的均衡汇率估计方法往往依据 PPP 首先确定一个基期，然后将该时期的实际汇率作为所有考察时期内的实际汇率均衡值的估计。但这种购买力平价均衡汇率缺乏与国际收支平衡之间的可靠联系，无法说明均衡实际汇率自身的变化，从而存在很大的偏差。总之，Harrod – Balassa – Samuelson 模型的实证检验是十分混杂的，即使有一些证据证明劳动生产率差异在解释贸易品—非贸易品价格差异和实际汇率方面是一个重要的因素。

购买力平价之谜是在国际宏观经济学和金融学中存在着尚未能解决的六个经验发现之谜②（Obstfeld and Rogoff，2000）之一。哈桑（Hasan，2006）、赛奇奥亚和卡拉纳索斯（Sekiouaa and Karanasos，2006）提供了越来越多支持汇率长期收敛于 PPP 有力的证据。这也许是因为技术进步在很长时间内是跨国运动的。从很长的时期来看，存在着长期购买力平价（PPP）成立的证据，但是对 PPP 的偏离是内在的、非线性的，而偏离以某种方式向均衡回归。可以这样认为：一国的物价水平在长时期内是与货币增长率成比例的。但是，如果事实果真如此的话，那么，名义汇率向长期的货币基础变量的非线性调整相当于实际汇率向长期 PPP 的非线性调整，以致实际汇率和名义汇率的非线性调整的经验证据至少应该是一致的，例如它目前就是这样（Sager，2006）。

从 20 世纪 80 年代末开始，理论界发展出来几种重要的计算均衡实际汇率方法：基本均衡汇率（fundamental equilibrium exchange rate，FEER），行为均衡汇率（behavioral equilibrium exchange rate，BEER），均衡实际汇

---

① 概括地说，Harrod – Balassa – Samuelson 效应是指富裕且经济快速增长国家的消费者价格指数高于（经汇率调整后的）贫穷且增长慢的国家的消费价格指数这样一种倾向。
② 贸易偏向国内之谜、储蓄—投资相关之谜、股票偏向本国之谜、消费相关之谜、购买力平价之谜和汇率分离之谜。

率（equilibrium real exchange rate，ERER）。

汇率决定的均衡模型和非均衡模型之间最显著的差异是两种模型的政策含义。特别是在均衡模型中，政府不能够通过改变名义汇率来影响实际汇率。更进一步来说，汇率的均衡模型暗示汇率的变化不会导致通货膨胀的变化，汇率是一个内生变量。因此汇率的变化无助于保持低通货膨胀的货币政策的形成。这也意味着汇率制度的选择对实际汇率和贸易余额并不是非常重要的。因此，在均衡模型结构中，低估或高估货币并不是一个很重要的问题。因而，原则上来说，政府不应该把汇率的变化作为一种保护主义政策来加以使用。总之，汇率均衡理论的主要含义是：汇率行为是与市场正确运作的概念相一致的。如果允许市场这样做的话。

现在的汇率决定理论大部分是传统的理论。在这个意义上讲，过去50年来，汇率决定的传统模型，比如，Mundell-Fleming 模型、黏性价格货币模型、弹性价格货币模型、资产组合平衡模型、汇率的均衡模型和流动性模型等，其基本结构遵循的是传统宏观经济学。尽管汇率决定理论产生了大量似乎合理的模型，但针对汇率的实证研究而言，目前仍然没有产生一种令人满意的模型，即无论在样本内还是在样本外，这些模型都不能满足统计意义上所考虑的可靠性和说服力。

虽然近年来从新开放宏观经济学、新政治经济学、博弈论、市场微观结构理论的角度研究汇率的文献层出不穷，但由于西方汇率理论的庞大繁杂及本身的自相矛盾，必然造成借用西方理论和方法进行的人民币汇率研究出现相似的局面。

约托波洛斯和泽田康幸（Yotopoulos and Sawadab，2006）采用新的计量经济学实证方法和跨国同时期的数据来检验长期 PPP 是否成立，结果发现在一共153个国家中，132个和105个国家分别在20年、10年的跨度内 PPP 成立，中国也在 PPP 成立的国家之中。

施建淮和余海丰（2005）运用 BEER 分析，发现自1997年以来，中国硬盯住美元的汇率政策拖延了经济对实际汇率失调的及时调整，并且调整的代价过大。在人民币汇率明显低估（高估）的状况下，因为不能对这种失调压力做出反应，只能通过通货膨胀（紧缩）或其他内在机制进行调整，后者的调整成本更大、时间更长。陈容（2007）运用 BEER 测算了人民币均衡实际汇率，得出贸易条件、劳动生产率、广义货币供应量、国外净资产是人民币均衡汇率的长期决定因素。张学毅和孙静（2006）运用 ERER 对比分析 17 个工业发达国家的经验数据，得出的结论是，人民币实际有效汇率的经济增长效应呈现显著的滞后影响，但其当期效应并不显著。

曹瑜（2008）发现实际汇率升值会使出口减少，进口增加，但进口增加的效果不明显，人民币贬值将引起出口增加而且影响效果显著。在其他条件不变的情况下，中国国民收入增加每 1 个单位，会引起出口增加 1.420112 个单位。

卜永祥（2008）构建了人民币外汇市场升值压力指数，并利用 VAR 方法研究了中央银行国内信贷变化、中美相对经济增长率变化、中国利率水平变化与外汇市场压力之间的相互作用，探讨了美国基础货币增长、利率水平变化等外生变量对人民币升值压力的影响。发现国内信贷与人民币升值压力呈现负向关系，而中国经济增长和国内利率水平与人民币升值压力呈正向关系。当人民币升值压力增加时，中央银行的反应是减少国内信贷，而国内利率水平的变化则并不能显著地反映人民币升值压力的变化。

就本币升值的国际经验来看，人民币升值可能是一个长期的过程，从一个出口导向型的经济向一个国内需求支持下的消费导向的经济，人民币升值会提高劳动者的收入水平刺激服务部门的扩张，有可能有助于提高服务行业的就业水平，有利于中国经济结构的调整，避免过度依赖于出口需求。在原有计划经济体制下建立起来的中国服务业国际化程度低，国内的竞争力也较小，普遍存在着低效率、高成本、服务差的现象，同时也造成了社会经济发展的不平衡和资源配置的不合理。要想比较快地推进中国服务业的市场化改革，必须要打破监管者同垄断企业结成的利益同盟，割断监管部门与被监管部门之间的利益纽带，使其不能从延缓改革中获得更多的寻租空间。

中国货币政策的新政治经济学分析

卢锋和韩晓亚（2006）考查了 Harrod – Balassa – Samuelson 效应的主要经验证据，还讨论了其对研究人民币实际汇率问题的借鉴意义。作为对国际价格水平差异的标准解释，唐翔（2008）认为 Harrod – Balassa – Samuelson 效应依赖于国内劳动力同质假设和跨部门工资套利行为。中国通货膨胀和人民币对美元汇率上升同时出现，人民币对内贬值和对外升值形成了鲜明的对照。这一现象意味着购买力平价不成立，人民币的实际汇率正在上升。关志雄（2008）认为人民币实际汇率上升反映了中国产品国际竞争力的提高和 Harrod – Balassa – Samuelson 效应的逐渐显示。郭（Guo，2010）分别使用人民币官方汇率和黑市汇率来评估中国经济是否展现出与 Harrod – Balassa – Samuelson 相一致的特性，结果发现可贸易商品更符合购买力平价，黑市汇率比官方汇率更与 Harrod – Balassa – Samuelson 效应一致。

均衡汇率理论在人民币汇率研究中取得了相对较好的效果，虽然理论本身还存在一些不足之处，具体方法也有不少差别，但这仍然将成为未来对人民币汇率研究的重要方向。利率平价理论在中国是难以成立的。在中国目前资本项目严格管制、利率管制、人民币不可自由兑换的制度背景下，利率平价的前提条件都难以满足，人民币汇率不满足利率平价也不足为奇了。但可以预计，随着中国的利率市场化，人民币向自由兑换迈进以及资本项目下的管制不断放松，利率平价对人民币汇率的解释能力会越来越强。

由于各经济体政治体制、发展水平和贸易结构的差异，以及历史和政治上的原因，日本、东盟以及亚洲新兴工业化国家和地区，也不太可能在短期内成为最优货币区。崔（Chey，2009）对当前在亚洲地区运用最优货币区理论及各种建立"亚元"的呼声做了一个政治经济学批判，说明即使在亚太地区从经济角度存在建立最优货币区的可能性，但政治条件才是决定因素。

二、汇率制度的选择

开放经济中汇率对利率变动反应灵敏，汇率制度也是影响两者关系的一个关键性决定变量，并对货币政策的传导有重要意义。汇率制度的选择一直以来都是国际金融领域争论的焦点。维持固定汇率是对进行国际贸易的一种补贴，即运用公共资金去吸收国际交易中的部分内生性风险，减少交易成本，促进贸易等。理论上的浮动汇率制是指汇率自由浮动，中央银行不会对汇率进行任何控制和干预。但是，汇率波动既非像浮动汇率制的支持者认为那样是万能的，也并非像固定汇率制的支持者所预测的那样是灾难性的。固定汇率并不是真的那么固定（Obstfeld and Rogoff, 1995），浮动汇率制也不是真的完全浮动（Calvo and Reinhart, 2002）。即使像浮动汇率制所宣称的那样，汇率是由市场的力量来决定，但实际上中央银行还是要通过干预来最小化汇率的波动。

固定汇率制与浮动汇率制的优劣至今尚无定论。近年来有很多实证研究：对经济增长的影响（Levy – Yeath and Sturzengger, 2003）；对社会福利的增加（Elekdag and Tchakarov, 2007）；宏观经济总量的易变性（Hoffman, 2007）；跨国的面板数据回归（Hang and Zhou, 2007）等等，但都无法得出一致的结论。只能说有发达金融体系的国家偏好浮动汇率制，有强硬型的政府和高政治稳定性的发展中国家偏好固定汇率制。浮动汇率制对发达国家的经济没有任何显著性影响，大多数发展中国家仍然倾向于采用固定汇率制或某种盯住美元的汇率制度。维利特（Willett, 2007）从政治经济学的角度认为盯住汇率制这种中间制度是不稳定的。克雷恩和香博（Klein and Shambaugh, 2008）则认为除非能防止汇率的高波动率，否则盯住汇率制会加剧汇率的不稳定性。总的看来，没有哪种汇率制度能够适合于所有国家，或者能够在任何时候都适用于某个国家。灵活的汇率制度甚至能使一国经济针对真实冲击做出更好的反应和调整，减轻自然灾害如地震和风暴对经济的影响。拉姆查兰（Ramcharan, 2007）建立递归模型研究了外部冲击，比如风暴和地震对经济的影响，得出结论是更灵活的汇率制度能更好地帮助经济对外部冲击进行调整。

在一个"可信的"固定汇率制中，国内中央银行会丧失对国内利率的控制，限制的越严格，国内实施独立货币政策和设定利率的权力与能力也就被剥夺得更多。为了保留一些对利率政策的独立控制权，也许不得不实行某种中间汇率制度，这固然是相当有必要的。但毫无疑问，一旦做出这种承诺，就将允许本国实际利率由他人决定。

吉奥文尼和香博（Giovanni and Shambaugh，2008）研究了主要工业化国家的利率对其他国家经济的影响，发现这种影响只限于采用固定汇率制和盯住汇率制的国家，不实行固定汇率制的国家的年经济增长率和世界利率没有多少联系。实行盯住汇率制的国家的利率必须跟随盯住国家利率的利率变化影响，当盯住汇率制对经济产生真实冲击时应该实行宽松的货币政策。

中国汇率制度的选择是当前国际经济学中讨论最广泛的话题之一。尽管世界银行和IMF都建议中国实行更加浮动的汇率制度。但由于资本流动的控制，高昂的经济调整成本，以及缺乏高明的调控能力和"害怕浮动"（Calvo and Reinhart，2002）的考虑，中国汇率制度的改革方向仍不明朗。

大量研究中国是否应该实行更灵活的汇率制度的文献中既有赞成也有反对的理由。支持者认为灵活的汇率制度能增强中国经济赶超过程中的宏观经济灵活性，而且可以有效应对外部冲击（Frankel，2006；中国经济增长与宏观稳定课题组，2008）。相反的，支持继续采取盯住美元的汇率制度的则认为由于出口拉动的中国经济和快速增加的国际资产都是以美元计价的，在盯住汇率制下实施赶超战略可以更稳定地调整劳动和资产市场。人民币汇率稳定不仅仅就中国自身而言而且就整个亚洲来说都是至关重要的（McKinnon，2007）。在实现价格稳定的目标下，刘晓辉和范从来（2009）估计了人民币最优的汇率制度弹性。但中国的货币政策在更浮动的汇率制度下究竟应该怎样执行和对经济会有什么样的影响几乎没有人研究。

从历史上看，人民币汇率制度经历了双重汇率制度（1981～1993

年),以市场供求为基础的、单一的、有管理的浮动汇率制度(1998~2005年7月),现阶段的参考"一篮子货币"为基础的,以及有管理的浮动汇率制度(2005年7月至今)四个阶段。从汇率制度演变的历史经验和趋势来看,我国汇率制度同对外开放四十多年来所经历的三个发展阶段大体上是同步的,同时,也在尝试着向由市场决定汇率,增加汇率弹性方向转变。尽管这一转换过程相当漫长而艰巨,因为1997年亚洲金融危机的爆发就曾导致我国汇率制度选择在方向上出现了逆转,不过,外在的压力和内在的需求最终促使人民币汇率制度改革在2005年7月后重新回到预定的轨道。

我国的汇率制度演变是在政府主导下实现的。综观历次汇率制度的演变,政府都在其中扮演了重要的角色。政府是相关汇率改革政策出台的推行者,同时也是相关政策实施的监管者。尽管政府的过多干涉导致人民币汇率市场化程度不高,但是,政府主导在确保汇率制度平稳过渡中起到了绝对的主导作用。

我国汇率制度选择是政府不同阶段目标权衡的结果。价格稳定和经济增长是我国政府同等关注的目标,在政府偏重于经济增长的目标时,固定汇率是政府的优先选择,当政府偏好价格稳定的目标时,更加灵活的汇率制度是其最优选择。因此可以说,人民币汇率市场化之路仍然漫长。从改革开放四十多年来人民币汇率制度演变的历史进程中可以看出,人民币汇率形成机制的市场化一直是汇率改革的目标,这同改革开放以来整个经济体系的市场化方向是一致的。但是这一目标目前还没有有效建立起来,因此,下一阶段如何完善人民币汇率形成的市场化机制仍然是汇率改革的重点和难点,人民币汇率市场化仍然有许多路要走。

汇率制度选择不仅仅是一个经济还是一个政治问题。汇率制度的选择不仅受到经济因素如开放度、资本流动等影响,还受到国内外政治因素的影响。因此,即使在经济情况基本相同的情况下,各国汇率制度仍存在较大的差异,国际上有一些学者从政治经济学的视角对汇率制度选择进行比较深入的研究。汇率制度选择的政治经济学分析可以分为国际和国内两个角度，即国际货币体系的安排和国内政治因素度汇率制度选择选择的影响。在国际货币体系安排的政治经济学的研究主要集中在：国际政治经济霸权、国际组织以及各国在国际组织中的不平等、国际政策协作以及各国的合作等因素对国际货币体系安排的影响。国内层面的研究主要集中在国内利益集团、政局的稳定性以及央行的独立性对汇率制度选择的影响等方面。汇率制度选择受到不同利益集团政治博弈结果的影响。这些利益集团包括不同政治集团所代表的金融利益集团或行业利益集团等。

汇率制度既涉及国际政治经济秩序安排，又是一国政治、经济制度对外的体现。因此，汇率制度可以看作是国内外政治经济势力作用的一种均衡。汇率政策存在明显的非中性，特定的汇率政策会给不同利益集团带来不同的经济后果，造成利益冲突。现实中的汇率制度的选择在很大程度上往往是各种经济和政治力量博弈的结果。

由于国际货币体系的不平等。发展中国家无论是政治上，还是经济上都依附于或受制于传统的发达工业国，而且这种现象在目前的不平等的国际货币体系下几乎不可能消除。当前的国际货币体系是以美元为中心的多元化国际储备和浮动汇率体系。这样的制度安排，符合发达国家发展本国经济和占领世界市场的需要，但对于广大发展中国家来说是一个不公平的货币体系，其最终表现便是国际货币本位不平等。现有的这种制度安排并没有解决"特里芬难题"，国际清偿能力依然在很大程度上主要依靠美国的国际收支赤字来提供。美元的世界货币地位使其他国家的经济发展在相当程度上会受制于美国经济。即使国际储备多元化，甚至欧元的问世也并不能从根本上改变发展中国家这种状况。

尽管根据国际货币基金组织协定，IMF有责任监督各国的汇率政策，以免各国对汇率的操纵。然而事实上 IMF 在这方面的作用非常有限，尤其 IMF 本身往往也受控于主要发达国家，对这些国家的约束就更显软弱无力了。汇率制度的选者和调整，其本质是一种对社会资源的再分割和配置。在这个过程中，不同的利益集团会得到不同的收益。因此，各利益集团为了实现各自利益最大化，自己参与或通过影响政策决策者的行为对汇率制

第五章　开放经济条件下中国的最优货币政策分析

度的选择或调整进行博弈。

改革开放前,人民币汇率实行可调整固定汇率制,保持汇率高度稳定,人民币汇率与市场供求无关。人民币汇率在很大程度上只是政府在确定对外交易结算时,需要考虑和确定的一个结算价格,因而对贸易、物价以及经济增长不会产生任何影响。但改革开放以来,人民币汇率作为一个宏观经济变量在促进出口,增加外汇储备方面起到了重要作用。国内的外汇市场的基础设施并不完善,如果人民币汇率波动率过高,由于缺乏足够的汇率避险工具,一方面国内金融市场难以提供低成本的汇率风险规避工具,另一方面私人部门也不具备管理汇率风险的能力与经验,从而引发更多的风险。人民币自由浮动需要各种类型远期外汇市场的发展与支持,而外汇市场的发展则依赖于国内金融市场全面建设的推进。

汇率政策或汇率制度本身是一种国家主权。由于汇率变动直接影响到资本流动,影响到一国的外币流入,从而使用于汇兑的本币的货币供应量相应发生变化,导致一国的通货膨胀或通货紧缩,进而影响一国的投资需求和消费需求,最终影响一国经济增长、就业和物价水平,影响国际收支。因此,汇率变动直接关系到一国的经济利益,政府需要用直接或间接的方式管理汇率,控制货币供应量以调控宏观经济,保护国家经济利益。因此,汇率政策长期以来一直被视为各国重要的主权。

当货币跨越国界,涉及国与国之间货币比价的汇率问题时,便越来越紧密地与国际政治等非经济因素联系在一起,此时仍然拘泥于理性人假设背景下抽象的纯经济学理论分析,当然对汇率决定难以得出一个符合现实的完美的解释。汇率究其本质,从来就不只是"客观"的货币平价反映,而是各利益集团和国家之间为争夺对自己有利的选择而进行斗争和折衷的结果。

在布雷顿森林体系里,将本国货币盯住美元的固定汇率制是一个非常普遍的现象。即使在布雷顿森林体系倒塌后,一些国家,比如拉丁美洲国家,和中国一样将汇率盯住美元,美国也没有任何抱怨,IMF 也没有禁止这样做。自 2002 年底起,由于国际收支不平衡为主要特征的全球经济失

中国货币政策的新政治经济学分析

衡现象加剧，盯住美元人民币汇率成为举世瞩目的焦点，来自美国、日本和欧盟等国家的要求人民币升值的外部压力非常强大。显然，纯粹的经济学理论无法很好地解释，为什么基本稳定的人民币汇率在5年前大受世界赞扬，而在5年却后饱受批评，而且也没有一个国家对实行同样汇率制度的拉丁美洲国家展开批评。其原因在于，汇率政策存在明显的非中性，特定的汇率政策会给不同利益集团带来不同的经济后果，造成他们之间的利益冲突。现实中的汇率制度的选择在很大程度上往往是各种经济和政治力量博弈的结果，人民币汇率焦点的实质就是中国的巨额经常账户剩余，即近2.4万亿美元的外汇储备。但实际上，当存在经常账户剩余下的各种汇率制度是可以兼容的。由此，汇率问题从根本上说是一个国际政治经济学范畴的问题。

因为，对发展中国家来说，将本币贬值并实行固定或盯住汇率制有助于增加出口和就业并刺激经济增长。即使采用不同的方法来测度实际汇率或不同的参数估计方法，结果也是稳健的。所以，在人民币汇率制度改革的背后是难以动摇的国内外利益冲突，早已经上升到政治层面的考虑，不仅有国内政治因素还有国际政治因素。在当前全球经济复苏迹象并不稳固的形势下，人民币汇率制度改革成了政治经济利益聚集的焦点，在外部压力下朝着更灵活和更具弹性化方向改革的人民币汇率制度，反过来也将对政治经济体制和决策层面的灵活性提出更高的要求。

因此，从政治的角度出发，汇率的决定实际上是国内和国际两个层次博弈的结果：在国内层面上考虑国内的政治变量，如政府偏好、政治制度、利益集团等因素对汇率制度的选择与决定的影响；在国际层面上是国家之间基于各自政治经济利益最大化进行博弈的结果。从某种意义上，甚至可以认为是国与国之间的政治经济博弈对一国的汇率制度选择会产生决定性的影响。因此，经典的汇率决定理论和模型在解释和预测汇率波动方面有相当大缺陷而且和预测效果较差，其中一个主要原因之一就是对政治因素的忽略。

第三节 开放经济条件下最优货币政策的模型

通货膨胀目标制已经成为许多新兴市场国家和发展中国家预期中要实行的货币政策。在国外冲击传导到国内经济的过程中以及国内货币政策执行的传导中，汇率发挥着越来越重要的作用。考虑在一个统一的简单宏观经济模型框架下要达到不同目标的中央银行货币政策，即国内通货膨胀目标制，CPI 目标制和汇率目标制，采用最优化的方法来研究中央银行是怎样实现最优货币政策的。各种不同目标制下模型的差异在于汇率在中央银行损失函数中所占地位的不同。

以波尔（Ball, 1999）的模型为参考的简单开放经济条件下宏观经济模型如下：

$$y_{t+1} = \lambda y_t - \beta r_t - \psi e_t + \varepsilon_{t+1} \quad (5-19)$$

$$\pi_{t+1} = \pi_t + \alpha y_t - \phi \Delta e_t + \eta_{t+1} \quad (5-20)$$

$$e_t = \theta r_t + v_t \quad (5-21)$$

这里 r 是实际利率，e 是实际汇率（增加即意味着升值），ε，η 和 v 分别代表需求，通货膨胀和汇率的冲击。式（5-19）是开放经济条件下的 IS 曲线，产出 y 由前一时刻的滞后值、实际利率和实际汇率决定。式（5-20）代表了一个传统的 Phillips 关系，即国内通货膨胀 π 代表第 t 期通货膨胀的持续性，用产出和实际汇率来解释第 t+1 期的通货膨胀率。为了明确汇率作为式（5-19）和式（5-20）中的传导渠道，这里 e 的增加（即真实贬值）会导致国内更高的通货膨胀（通过汇率的传导渠道）来推动净出口和产出。式（5-21）是实际利率和汇率之间关系的精简线性关系。

把式（5-21）代入式（5-19）得到：

$$y_{t+1} = \lambda y_t - \left(\frac{\beta}{\theta} + \psi\right) e_t + \frac{\beta}{\theta} v_t + \varepsilon_{t+1} \quad (5-22)$$

这里式（5-20）和式（5-22）代表一个简单的宏观经济系统，状态变量是 π_t，y_t，v_t 和 e_{t-1}，控制变量是 e_t。

一、国内通货膨胀目标制下的最优货币政策

通货膨胀目标制已经成为许多新兴市场和发展中国家预期中要实行的货币政策。在此需要说明的是，实行通货膨胀目标制的国家通常采用消费物价指数 CPI 来衡量通货膨胀，但 CPI 变动一般不包括能源价格、间接税、贸易冲击、资产价格或其他供给冲击等因素的影响。一般来说，国内通货膨胀目标制指的是要实现包括上述这些因素在内的广义上价格稳定的通胀目标制。这里假设中央银行可以通过允许汇率自由浮动来稳定国内通货膨胀，其偏好可以由一个二次损失函数给出。

那么，根据假设这里中央银行要实现的目标是：

$$\min E_t \sum_{i=0}^{\infty} \delta^i L_{t+i} \tag{5-23}$$

同样的，在第 t 期，中央银行能够通过选择 e_t 的值来最小化损失函数：

$$L_t = \mu_\pi \pi_t^2 + \mu_y y_t^2 + E_t \delta(\mu_\pi \pi_{t+1}^2 + \mu_y y_{t+1}^2) \tag{5-24}$$

把 π_{t+1} 和 y_{t+1} 代入式（5-24），对 e_t 求导并用式（5-21）可以得到最优货币规则如下：

$$r_t = f_\pi \pi_t + f_y y_t - f_v v_t + f_e e_{t-1} \tag{5-25}$$

f_π，f_y，f_v 和 f_e 分别为对 π，y，v，和 e 求导的系数：

$$f_\pi = \frac{\phi \mu_\pi}{\theta(\phi^2 \mu_\pi + A^2 \mu_y)} \tag{5-26}$$

$$f_y = \frac{\phi \mu_\pi \alpha + A \mu_y \lambda}{\theta(\phi^2 \mu_\pi + A^2 \mu_y)} \tag{5-27}$$

$$f_v = \left(\frac{1}{\theta} - \frac{A\beta \mu_y}{\theta^2(\phi^2 \mu_\pi + A^2 \mu_y)} \right) \tag{5-28}$$

$$f_e = \frac{\phi^2 \mu_\pi}{\theta(\phi^2 \mu_\pi + A^2 \mu_y)} \tag{5-29}$$

这里 $A = \frac{\beta}{\theta} + \psi$, μ_π, μ_y 代表中央银行对 π, y 的政策偏好, 如果 μ_π 相对于 μ_y 增加, 表明中央银行希望货币政策更侧重于国内通胀, f_π 的值也会增加。这正如所期望的那样, 对于其他变量而言, 最优货币政策工具相对国内通货膨胀的反应更强烈, f_e 的值也会减少。考虑一个通货膨胀的正向冲击, 作为应对措施提高利率会引起汇率升值, 随后会因为 f_v 降低利率。这样做的原因是为了确保国内通货膨胀目标的实现, 然而 f_e 的降低实际上对第 t + 1 期的货币政策有反作用。

相反的, 如果 μ_y 相对于 μ_π 增加, 利率工具对 f_e 的反应程度（绝对值）f_v 也会变大, 中央银行更偏好于产出增加的目标, 最优货币政策对通货膨胀的反应程度会减少。从式（5 - 26）至式（5 - 29）可以看出, 即使汇率不出现在损失函数里也可以得到一般化的最优货币政策。这反映出一个开放的经济体系中宏观经济变量之间的相互作用。很明显, 最优货币政策对汇率变化的反应有助于达到通胀目标。追求通货膨胀目标和产出目标之间的权衡成为最优货币政策的标准结果。

二、CPI 目标制下的最优货币政策

对开放的发展中国家来说, CPI 目标制可能比国内通货膨胀目标制更具有现实意义。这是因为可贸易商品在这些国家的消费篮子里占有相当高的比例, 以至于国内通货膨胀目标变得多余。当然, 消费篮子中高比例的可贸易商品意味着更多的汇率风险暴露。因此, 要在模型中加以扩充来包括这些特征：

$$\pi_t^c = k\pi_t^T + (1 - k)\pi_t = \pi_t + k\Delta e_t \qquad (5 - 30)$$

π_t^c 是 CPI 通货膨胀率, π_t^T 是可贸易商品价格的通货膨胀率。参数 k 是可贸易商品在 CPI 中的权重, 表示开放经济中的贸易开放度, 在这里代表了汇率变动对 CPI 通货膨胀的传递效应。同样的, π_t^c 使得经济对汇率变动有潜在的脆弱性。

如果把式（5-20）代入式（5-30）就会得到 π^c_{t+1} 的表达式。相应地，CPI 通货膨胀目标下中央银行的损失函数如下：

$$L_t = \mu_c [\pi^c_t]^2 + \mu_y y_t^2 + E_t\delta(\mu_c[\pi^c_{t+1}]^2 + \mu_y y_{t+1}^2) \quad (5-31)$$

替换 π^c_{t+1} 和 y_{t+1}，假设 $E_t e_{t+1} = 0$，对 L_t 求 e_t 的偏导，得到最优货币政策规则：

$$r_t = f^c_\pi \pi_t + f^c_y y_t - f^c_v v_t + f^c_e e_{t-1} \quad (5-32)$$

最优 CPI 通货膨胀盯住的系数为：

$$f^c_\pi = \frac{(\phi - k)\mu_c}{\theta(\phi^2 \mu_c + A^2 \mu_y)} \quad (5-33)$$

$$f^c_y = \frac{(\phi - k)\mu_c \alpha + A\mu_y \lambda}{\theta(\phi - k)^2 \mu_c + A^2 \mu_y} \quad (5-34)$$

$$f^c_v = \left(\frac{1}{\theta} - \frac{A\beta\mu_y}{\theta^2((\phi - k)^2 \mu_c + A^2 \mu_y)} \right) \quad (5-35)$$

$$f^c_e = \frac{\phi(\phi - k)\mu_c}{\theta((\phi - k)^2 \mu_c + A^2 \mu_y)} \quad (5-36)$$

如果 k 增加，汇率变动会使经济的脆弱性增加，结果会使货币政策工具 r_t 针对国内通货膨胀 f^c_π、产出 f^c_y 减少，对滞后的实际汇率 f^c_e、汇率冲击 f^c_v 的反映程度变大。实际汇率在决定 CPI 通货膨胀中起着非常积极的作用，执行 CPI 目标制的中央银行对任何汇率冲击都要强烈反应。如果 k > φ，那么 f^c_π、f^c_e < 0，即意味着潜在的高经济开放度要求针对实际汇率的经济调整要在多个时刻完成，CPI 目标的效果不如国内通货膨胀目标。

三、汇率目标制下的最优货币政策

把汇率直接引入到中央银行的损失函数：

$$L_t = \mu_c[\pi^c_t]^2 + \mu_y y_t^2 + E_t\delta(\mu_c[\pi^c_{t+1}]^2 + \mu_y y_{t+1}^2 + \mu_e e_{t+1}^2) \quad (5-37)$$

式（5-37）隐含假设是，任何持有"害怕浮动"态度的中央银行都会通过 μ_e 的值在损失函数中表明。

通过和式（5-32）一样的办法得到最优货币政策规则：

$$r_t = f_\pi^e \pi_t + f_y^e y_t - f_v^e v_t + f_e^e e_{t-1} \tag{5-38}$$

最优汇率目标的系数为：

$$f_\pi^e = \frac{(\phi - k)\mu_c}{\theta(\mu_e + (\phi - k)^2 \delta\mu_c + A^2 \delta\mu_y)} \tag{5-39}$$

$$f_y^e = \frac{(\phi - k)\delta\mu_c \alpha + A\delta\mu_y \lambda}{\theta(\mu_e + (\phi - k)^2 \delta\mu_c + A^2 \delta\mu_y)} \tag{5-40}$$

$$f_v^e = \left(\frac{1}{\theta} - \frac{A\beta\mu_y}{\theta^2(\mu_e + (\phi - k)^2 \delta\mu_c + A^2 \delta\mu_y)} \right) \tag{5-41}$$

$$f_e^e = \frac{\phi(\phi - k)\delta\mu_c}{\theta(\mu_e(\phi - k)^2 \delta\mu_c + A^2 \delta\mu_y)} \tag{5-42}$$

这里 μ_e 是中央银行执行货币政策附加偏好参数。μ_e 的增加实际意味着最优货币政策规则中实际汇率重要性的增强。如果 $\mu_e > \mu_c$，则意味着在最优货币政策框架内 CPI 目标向实际汇率目标的转移。

如果 μ_e 的值相对于 μ_c 和 μ_y 增加，f_v^e 的绝对值也会增加并伴随着其他参数值减少，货币政策工具对汇率的反应程度增加。这与中央银行想控制汇率易变性的偏好相一致，也可以被解释为"害怕浮动"的行为。在这样的政策下 f_e^e 的值会降低。与以前讨论的情况相反，当 μ_c 增加，货币政策工具对 e_{t-1} 的反应程度增加。中央银行会更关注在第 t 期解决实际汇率波动的问题而不是在第 t+1 期减轻影响。

小　结

中央银行要针对货币政策的目标，如低通货膨胀和汇率稳定，进行政策抉择。尽管严格限制资本自由流动可以将相对稳定的汇率制度与某种程度上的货币独立性协调起来，但自 2005 年汇改以来，人民币已逐步升值，汇率目标不能认为是成功的。因为中国经济稳定强烈依赖于出口，国际资产以美元计价，一个强有力的升值将构成对经济和金融稳定的巨大冲击，持续的升值预期也会使外汇储备积累和货币扩张持续加速。中国有管理的浮动汇率制度下的人民币升值也难以完全抵销进口商品价格水平的变动。独立的货币政策和汇率稳定目标面临着严重挑战。货币政策制定者在面临开放经济条件下国内外最优资源分配的权衡时，浮动汇率制成为要稳定国内经济并能有效应对国内外冲击的独立和实施内向型货币政策的最优选择。

第六章

高利率能否捍卫汇率稳定

无论是发达国家还是发展中国家,只要是实行固定汇率制或变相的固定汇率制,在过去的30年里其货币都曾受到显著的投机攻击。而IMF应对货币危机的标准策略则是建议通过提高短期利率来维持货币的稳定。

1992年瑞典中央银行在投机攻击中曾坚定地表示将捍卫其货币,并且提高隔夜利率先到24%,然后到75%,最后达到500%,但最终不得不允许克朗自由浮动。亚洲金融危机中,各国和地区也先后提高利率来捍卫本国(地区)货币和固定汇率制。例如,泰国提高了短期贷款利率;印度尼西亚将存款准备金从2%提高到5%,银行间拆借利率从10%提高到90%,并加强了银行信贷的控制;韩国提高隔夜利率到25%;中国香港也提高隔夜利率到280%。高利率政策在墨西哥、俄罗斯和巴西的货币危机中都被采用过。尽管有新加坡、中国台湾和香港地区等一些成功的案例,高利率或紧缩性的货币政策似乎并不能够总是在投机攻击下捍卫一国(地区)的汇率稳定。

以成功捍卫港元的中国香港和1992年欧洲货币危机中失败的瑞典为例,两地的货币当局当时都采取强硬措施来保卫它们的货币。香港特区政府在1997年10月23日提高隔夜利率(HIBOR)到280%,在随后的1998年1月和6月两波攻击中通过股票市场和货币市场主动反击,最后成功地捍卫了联系汇率制。1992年8月,瑞典中央银行最初采取非常强硬的立场并击退了第一波攻击，但在两个月后的第二波攻击中，令人意外的是，仅进行了最小限度的抵抗便放弃盯住汇率制。

捍卫汇率稳定的通常做法是在短期提高利率，然后在中期深化金融结构改革。一旦成功，信心便得以恢复，汇率将重新置于正常水平，经济才能在更加健康的金融体系支持下再度繁荣。一旦汇率稳定政策失败了，经济衰退则很难避免。实际上，为维持汇率稳定只能以自我强化式的产出减少为代价，会起到与贬值同样的抑制投资的作用。虽然稳定汇率的高利率货币政策堵住了金融崩溃的一个渠道，但却同时打开了另一条渠道。

第一节 理论综述

一、利率与汇率之间的关系：新兴的研究热点

对利率和汇率之间关系的传统研究都是以"非抵补的利率平价"为出发点。如果利率平价假设条件成立的话，那么合理的逻辑结果是除了全球存在一个霸权中心外，其他国家或地区都不可能对其实际利率进行独立控制，必须将本国利率与世界利率或某一世界中央银行所确定的利率一致，以至于对其国内实际利率没有什么影响力。

利率和汇率的关系在最近5年比以往受到更多的关注，如以利率的期限结构解释汇率变动（Incia and Lub，2004；Kitamurab and Akiba，2006），不完全汇率传递效应和价格黏性条件下的货币政策（Dobrynskaya，2008），货币规则对汇率不确定性及持久性的影响（Benigno，2004；Leitemoa and Soderstrom，2005），货币冲击对汇率变化的影响（Faust and Rogers，2003），以及转型国家货币政策的汇率传递渠道（Golinelli and Rovelli，2005）。

多恩布什（Dornbusch，1976）提出的著名的"过度反应假说"认为

如果提高国内利率（相对于世界利率），会导致本币的升值但最终伴随而来的是本币持续的贬值。针对这一假说的实证检验有不同的结果。为了解释假说，艾肯鲍姆和伊万斯（Eichenbaum and Evans，1995）提出了"滞后的过度反应"来解释。肖勒和尤赫利格（Scholl and Uhlig，2008）用脉冲响应函数的方法提供了最新的实证证据，即使没有滞后的反应，假说也是成立的。

金（Kim，2007）利用动态协整面板数据回归分析检验了汇率和利率差异之间的联系及对商品及贸易的影响，发现实际汇率和实际利率的差异更有利于可贸易商品而非一般商品和非贸易商品。通过建立一个 VAR‐GARCH 模型，周和金（Chow and Kim，2006）实证检验了 1997 年发生亚洲金融危机时各国家汇率的灵活性与利率之间的联系，发现增加的汇率波动率只能在短期内稳定利率。

弗兰克尔等（Frankel et al.，2004）使用了大样本和长时间跨度内的发展中国家和工业化国家的数据进行动态估计，发现汇率制度影响国内利率对世界利率的敏感性。在绝大多数情况下，从长期来看世界利率都一直在影响着其他国家的利率，即使那些采取了浮动汇率制的国家也不例外。然而，短期的影响则因国家而异。有浮动的汇率制的国家针对世界利率变化的调整则较慢，部分是因为其执行货币政策独立性的能力。采取中间汇率制度的国家对盯住国家的利率敏感性要高于其对世界利率的敏感性。

绝大部分国家都要通过汇率来调整国内利率与世界利率收敛，只有极少数最大的工业化国家才可以长期选择和坚持自己的利率。

二、高利率能捍卫汇率稳定：传统观点

各国学者和政策制定者一直都在研究相应的对策来防止投机攻击转化为货币危机乃至金融危机。德拉泽（Drazen，2000）提供了一个分析此类问题的框架，政府在两种防御政策之间做出选择，要么提高利率，要么不断借入外债。而借入外债意味着外汇储备严重不足和政府缺乏捍卫货币的

决心和能力，因此提高利率看起来更能增强捍卫汇率稳定的可信度。

就传统看法而言，赫尔普曼和拉泽（Helpman and Razin，1985）、格里尔和罗努尼（Grill and Ronuini，1992）、巴库斯和德里菲尔等（Backus and Driffill，1985）认为，在货币危机发生时，投机者将自有的或者借入的本国货币换成外汇，获得国外资产，并一直持有到中央银行的外汇储备耗尽。中央银行不得不放弃固定汇率制或盯住汇率制，让本国货币贬值并自由浮动。一旦这种情况发生，投机者在国内借入的货币仍需支付本金和利息，但既然本国货币已经贬值，投机者只需支付少量外汇即可偿还债务，而且可以在国内和国外市场上双双都获利。因此，从理论上讲，提高利率能够在货币攻击中大幅提高投机者的机会成本，特别是能提高处于空头位置的投机者的成本。此外，高利率是中央银行发出的一种维持固定汇率制的可信承诺，会吸引国际资本的流入，使得投机者放弃攻击，转移攻击对象。

卢卡斯（Lucas，1990）提出一个基于现金先付约束的模型来证明，当中央银行提高国内短期利率后，投机者会增持本国货币来购买国内资产，这样就不会耗尽中央银行的外汇储备了，汇率制度也得以保持。该模型的核心含义就是高利率的保卫策略总会成功，但这是以国内投资者的巨大损失为代价的，政府不得不维持此类政策很长时间。

索勒（Solé，2004）建立了一个一般均衡模型来评价高利率货币政策的有效性，并考察了各国执行高利率货币政策的福利损失，发现只要政府能够承受得起高利率的巨大成本（即财富由国内向国外的转移），那么高利率的货币政策就能有效捍卫汇率稳定。贝尼格诺等（Benigno et al.，2007）提出了一个新开放宏观经济学框架下的理性预期均衡模型，认为可以设计了一系列利率规则来维持固定汇率制。

弗拉德和金尼（Flood and Jeanne，2005）使用一个基于非抵补利率平价扩展的 Krugman – Flood – Garber 模型[①]进行分析，认为高利率的保卫策

---

① 第一代货币投机攻击模型。

略确实能够起作用，但这只有当政府的财政状况可以持续的情况下才会成功。投机攻击前，中央银行开始提高本国货币的利率，这会因为资产的替代效应而使得本国货币更有吸引力。但是，这却提高了本国的债务水平从而削弱了本国货币，高利率政策要想取得成功只能依赖于可信的财政政策。

传统观点的缺陷是没有系统性地研究货币政策或利率影响汇率的具体渠道和路径，容易遭人诟病。

三、高利率不能捍卫汇率稳定：对传统观点的修正

修正主义者则对传统观点持批评态度。拉德莱特和萨克斯（Radelet and Sachs，1998）认为，高利率会对汇率稳定起消极作用：在经历过金融恐慌后，从紧的货币政策只会导致资本外流，汇率贬值，企业破产，金融崩溃。斯蒂格利茨（Stiglitz，1999）认为，大幅提高利率增加了银行倒闭的风险，使人们对经济增长丧失信心，反而会使汇率更不稳定；高利率政策不能捍卫汇率稳定，只能延迟危机，在没有发生攻击时可以捍卫汇率稳定，在危机到来时反而会起相反的所用；如果过高的投机压力使中央银行高速提高利率，就可能使经济衰退得更快，最后引发金融危机甚至政治危机。金和拉蒂（Kim and Ratti，2006）用理性预期模型说明，正是高利率的货币政策增加了亚洲金融危机时期东亚各国的汇率崩溃和经济衰退。

拉希里和维格（Lahiri and Végh，2003，2007）用模型说明，所谓的高利率会诱使投资者持有本国货币和资产，但这只能在短期内起作用，而且这样的货币政策要传递的信息并不明显。利率和汇率之间存在一种非单调的函数关系，高利率捍卫汇率的理论是没有说服力的，尽管利率可以被提高到很高的水平，但只能是一种自招其败的策略。当政策具有跨期的持续影响时，捍卫固定汇率的货币政策实际上会使其可信性减弱：因为人们会知道，这种政策将导致其制定者在面对未来的权衡取舍时更加棘手。高利率还会对经济发展造成损害，较高的利息会增加经济增长的成本，实际上可能增加贬值的概率和造成未来更高的通货膨胀，这反而使得投机者更

有动机来进行攻击。中央银行的承诺不仅没有可信度,反而却在第一时间加强了投机的动力。因此,依赖于经济本身的能力来抵挡高利率的负面影响,中央银行相反的是增加了而不是减少了投机攻击成功的可能性。利率保卫政策通常是短命的,它唯一能做的只能是为政府争取时间来纠正引起投机攻击的经济失衡,提高利率到一定水平反而会因为其巨大的负产出效应使危机提前到来。发生危机的时间是利率的非单调函数,最优的高利率政策只能是在货币危机发生前和刚发生时设置一个适度和可信的高利率,使争取到的时间最多。

现在习惯于将分析货币危机的大量文献归为三类:第一代、第二代和第三代。第一代模型的框架相当简单,旨在维持固定汇率制的国家如果同时还利用扩张的国内信贷来支持国内扩张政策。当实际和名义利率货币需求固定时,国内信贷扩张将导致外汇储备的流失。尽管与固定汇率制不相容,但为预算赤字进行货币融资有着优先权。因此,为赤字进行的货币融资将导致外汇储备不断流失,直到特定的最低线,而后外汇储备将在最终的投机冲击中耗尽,从而迫使当局放弃固定汇率。第一代货币危机理论被运用于分析发展中国家的货币危机(例如,墨西哥1973~1982年,阿根廷1978~1981年),这些国家发生货币危机的原因确实是采用了过度扩张的国内政策。

第二代货币危机模型引入了非线性和政府政策对私人行为变化的反应。例如,政府不仅有既定的目标(固定汇率、国内经济的扩张),而且在各个目标(汇率、就业等)中存在替代关系。政府对固定汇率承诺的履行与否依赖于经济状态,而非像第一代模型不随经济状态而动摇,因此,政府就能够实施例外条款,即汇率贬值、升值或浮动。非线性是多重均衡出现的主要原因,某些均衡点是稳定的,某些是非稳定的。第二代货币危机模型能够解释即便在基本经济条件未出现问题时,货币冲击何以发生。

第二代模型被用于分析发生在工业化国家的货币危机(20世纪90年代初期的欧洲货币危机)以及1994年发生在墨西哥的货币危机,在这些货币危机中货币冲击的发生似乎于基本经济面无关。

但是，似乎这两代模型都不能解释 20 世纪 90 年代亚洲发生的货币危机。货币危机发生前，亚洲各国预算都存在盈余（或有限的预算赤字），因此，发生货币危机的原因不会是财政问题，从而第一代模型不适用。当时，第二代模型考虑的宏观经济指标（产出增长、就业和通货膨胀）在东亚都并非很差，包括高 GDP 增长率。

第三代货币危机模型用来分析 1997 年发生的亚洲金融危机。这些模型能得以发展主要是因为亚洲金融危机既没有第一代货币危机模型中引发危机的典型的财政赤字的特征，也没有第二代模型中预期政府为实施扩张的货币政策而放弃固定汇率制度强烈的诱因。实际上，这些第三代模型更多的是关于金融部门的危机，而不是关于投机攻击或货币危机本身的模型。

第三代模型尽管形式多样，但都普遍认为"道德风险"是金融危机的基本原因。因为面对是根本不同的问题，因此第三代模型有不同的政策处方。其中争议的问题是投资机会的风险及回报的透明度问题。

修正主义者多用第一代货币投机攻击模型来阐明自己的观点，很少有使用第二代和第三代投机攻击模型的文献，因此其理论说服力也是有限的。

四、高利率与汇率稳定：实证研究

高利率政策捍卫汇率稳定有效性的实证研究一般都是使用 VAR 和格兰杰因果检验，而且大部分文献用的都是线性计量经济学模型。这些研究通常会遇到三方面的困难：一是怎样测度应对投机攻击的政策反应；二是怎样说明和解释政策反应效果中会出现的非线性效应；三是怎样控制货币政策的内生性。

德科尔等（Dekel et al., 2001）利用高频数据和 VAR 模型检验了亚洲金融危机前后韩国、马来西亚和泰国国内利率和汇率关系，发现了利率对汇率的格兰杰因果关系，在危机发生时提高利率对汇率升值只有很小的影响，至少在短期如此。但他们的结果只能对传统观点提供微弱的支持，因为他们实证结果的显著性并不高。

葛德法杰和古普塔（Goldfajn and Gupta，2003）调查了1980～1998年80个国家的数据，发现从紧的货币政策通过名义汇率升值进而影响实际汇率升值而不是通货膨胀，并提出了支持传统观点的实证证据。布拉尔斯弗德等（Brailsford et al.，2006）建立了一个考虑货币传递效应的VAR计量模型，发现韩国、菲律宾和泰国的高利率的确帮助稳定了汇率，但马来西亚则没有。

考虑到时间不一致性交易概率的存在，陈（Chen，2006）研究了利率—汇率之间的非线性关系，并用了6个国家的高频数据做计量检验，最后发现无论提高利率使汇率升值或贬值，汇率的高波动率都是政策的所要付出的沉重代价，也即浮动汇率制是中央银行的最后选择。卡普拉勒等（Caporale et al.，2005）调查了1991～2001年的相关数据，建立了一个双变量VECM模型来检验相关时间序列数据中的异方差性，进而确定亚洲金融危机中各国从紧的货币政策是否在投机压力下成功地捍卫了汇率，结果发现高利率政策起了相反的作用。德拉泽和休布里什（Drazen and Hubrich，2006）用递归模型测试了1989～1994年9个实行固定汇率制的欧洲货币体系国家当时高利率货币政策的有效性，发现利率的变化效应，即作为政府发出一种捍卫汇率稳定承诺的信息，在统计上是显著的和非线性的，提高利率对下个月汇率变化的影响没有统计上的显著性。崔和帕克（Choi and Park，2008）建立了VAR模型，并用协整和格兰杰因果检验的方法检验了亚洲金融危机时期各国的利率和汇率之间长期和短期的因果联系，质疑了当时高利率政策的合理性。

艾芬格和高德里斯（Eijffinger and Goderis，2008）利用1986～2004年间的数据进行实证研究发现，提高利率有巨大的资产负债表负面效应，因此在有高短期债务的国家没有什么效果；高利率货币政策只在那些有高质量制度、高外债、高资本账户开放度的国家才有可信度，政策的有效性取决于其对经济基本变量的冲击有多大。

在所有的实证研究中，以凯瑞（Kraay，2003）最为著名，研究高利率捍卫汇率政策有效性的实证分析大多都是在他的计量方法上加以改良。凯瑞（2003）对传统观点和反对观点都有所怀疑，通过调查了1975~1999年间54个工业化国家和中等收入国家发生的75次成功和78次失败的货币攻击的所有数据，建立了一个单期货币政策内生性的开放宏观经济学模型，并进行实证研究，发现两种观点都缺乏明确和系统性的证据支持。高德里斯和伊安尼多（Goderis and Ioannidou，2008）改进了凯瑞（2003）的方法并重新检验了相关数据，发现只有在较低的短期债务水平下高利率的货币政策才能起作用，如果短期债务水平很高反而会起相反的作用。这意味着，哪种观点能够成立取决于短期债务水平的高低。

总的说来，两种观点都没有压倒性的优势，反对的观点正逐渐占上风。

第二节 基于马尔科夫变换的世代交叠模型

一、模型的假设

根据交易者行为的微观市场结构理论（Jeanne and Rose，2002），考虑一个世代交叠模型的设定。假设只存在两个国家——外国和本国，外国的价格水平稳定，而且两国各自只发行一种债券，分别以美元和本国货币计价。在债券市场，国际交易者可以同时持有以本国货币计价和美元计价的债券，美元债券的供给是完全弹性的。共有 N 个风险厌恶型的交易者，交易者的生命周期为2期，在每一期的初始禀赋为 W。交易者在生命周期的第1期不消费，并把他的投资组合在国内和美元债券市场上分配，在第2期用证券投资组合来为消费融资，并试图使财富的预期效用最大化。交易者分两种，一种是专业交易者，没有进入成本和信息成本。另一种是噪声交易者，需要付出成本才能进入本国债券市场。交易者需要风险溢价才会持有本国债券因为他们是风险厌恶者，而且汇率是随机波动的，并假定本国债券的供给水平是常量 $\overline{B}$。

把进入决定定义为虚拟变量 η_t^j，$\eta_t^j = \{1, 0\} = \{进入，不进入\}$，每个交易者决定是否进入本国债券市场的条件取决于：

$$\eta_t^j = \begin{cases} 1 & 如果 E_{t-1}^j(U_t^j | \eta_t^j = 1) \geq E_{t-1}^j(U_t^j | \eta_t^j = 0), \\ 0 & 否则 \end{cases} \quad (6-1)$$

这里 U_t^j 代表交易者 j 在第 t 期的效用，E_{t-1}^j 表示交易者 j 在第 t-1 期的条件期望，这里假定交易者在第 t 期做出进入市场的决定。

假定交易者进入市场时在国内债券上投资 b_t^j，因此，交易者 j 的最大化问题可以表示如下：

$$\max_{b_t^j} U_t^j = E_t^j(-e^{-aW_{t+1}^j}) \text{ s.t. } W_{t+1}^j = (1+i^*)W + \eta_t^j(b_t^j \rho_{t+1} - c_j)$$

$$(6-2)$$

这里 c_j 是进入本国债券市场的成本，W_{t+1}^j 是交易者 j 在第 2 期的财富，a 是正的常量，e 为汇率，国内债券市场上的风险溢价 ρ 可以被定义为：

$$\rho_{t+1} = i_t - (e_{t+1} - e_t) - i^* \quad (6-3)$$

i_t 是国内债券的利率，i^* 是美元债券的利率，这里假定美元利率为稳定不变。在每一代有 N_j 个专业交易者（$j = 1, \cdots, N_j$）和 N_N 个噪声交易者（$j = N_j + 1, \cdots, N$），（$N_j + N_N = N$）。

专业交易者可以根据理性预期做出决策而不需承担任何进入成本：

$$\forall j > N_I \begin{cases} E_t^j(\rho_{t+1}) = E(\rho_{t+1}), \\ \text{var}_t^j(\rho_{t+1}) = \text{var}_t(\rho_{t+1}), \\ c_j = 0, \end{cases} \quad (6-4)$$

$E_t^j(\rho_{t+1})$ 和 $\text{var}_t^j(\rho_{t+1})$ 分别是本国债券市场超额回报的预期收益和条件方差。

相反的，假定噪声交易者在第 2 期能够正确得知在本国债券市场上存在超额回报，但在第 1 期却因和经济基本状况无关的噪声信息无法得知，也就是说：

$$\forall j > N_I \begin{cases} E_t^j(\rho_{t+1}) = \bar{\rho} + \tau_t \\ var_t^j(\rho_{t+1}) = var_t(\rho_{t+1}), \\ c_j \geqslant 0, \end{cases} \quad (6-5)$$

这里 $\bar{\rho}$ 是超额回报或风险溢价的均值，τ_t 是随机的独立同分布的正常冲击。τ_t 的方差被假定为同汇率的方差成正比：$var(\tau) = \lambda(var(e))$，$\lambda > 0$。还可以进一步假设噪声交易者有秩序地进入而且进入成本并不小。就是：

$$\forall j > N_I \begin{cases} dc_j/dj > 0 \\ c_j > \dfrac{1}{2a}\ln(1+\lambda) \end{cases} \quad (6-6)$$

假设本国中央银行采取如下的利率政策：

$$i_t = \gamma(e_t - \tilde{e}_t) + \omega_t \quad (6-7)$$

γ 是参数，$\gamma > 0$，也就是政府提高利率来捍卫汇率，$\tilde{e}_t$ 是目标汇率，ω_t 是独立同分布变量，代表其他被忽略掉的可能影响货币政策的因素。

二、模型的推导

均衡可以分两步得出，先是均衡汇率。首先，当噪声交易者的数目 n 给定，可以解出平均风险溢价和汇率的方差如下：

$$\bar{\rho} = \frac{a\bar{B}}{N_I + n}var(e) \quad (6-8)$$

$$var(e) = \frac{\gamma^2 var(\tilde{e}) + var(\omega)}{(1+\gamma)^2 - \lambda\left(\dfrac{n}{N_I}\right)^2} \quad (6-9)$$

需要指出的是增加基础变量方差（$var(\tilde{e})$ 或 $var(\omega)$）会导致汇率的方差亦即汇率波动率增加。其次，内生性的噪声交易者数量 n 的增加也会导致汇率的方差增加，并且噪声交易者数量增加对平均风险溢价的影响是非单调的。换句话说，更大的 n 使式（6-8）中 $\bar{\rho}$ 直接变小，使 $var(e)$ 变大，进而也使 $\bar{\rho}$ 变小。即噪声交易者在模型中起了两方面的作用：它们创造了风险并同时承担风险。

噪声交易者 j 当进入的净收益（GB）高过进入成本时进入本国债券市场，即：

$$GB(\bar{\rho}, var(e)) = \frac{1}{2a(1+\lambda)} \frac{\bar{\rho}^2}{var(e)} + \frac{1}{2a}\ln(1+\lambda) \geqslant c_j \quad (6-10)$$

模型的结果会出现多重均衡。当基础变量的方差（var（$\tilde{e}$）或 var（ω））足够高时，就会有一个单一均衡那就是所有的噪声交易者都涌入本国债券市场。当基础变量的方差足够低时，就会存在本国债券市场没有任何噪声交易者的均衡。特别是当基础变量的方差处于中间水平时，就会出现多重均衡，就是噪声交易者进入的数目可能有高有低即汇率波动率可能会有高有低，基础变量的波动率和汇率的波动率之间没有简单的联系。两个国家可能会展现出不同的汇率波动率，即使他们有相似的基础变量。

在模型中考虑到式（6-7）中的 γ 作为政策参数可以显示利率对汇率冲击的响应。可以预测，在一定条件下，如果中央银行实行高利率来捍卫汇率的政策，当 γ 的值越大时，表示政策制定者提升利率越高，就会有更高的汇率波动率。

三、分析结果

通过模型分析发现高利率会导致高风险溢价，并且会吸引寻利的噪声交易者涌入，这样会使得风险溢价更高。最后会因高汇率波动率和高风险溢价的均衡导致所有的噪声交易者加入。简而言之，从紧的货币政策会像传统的非抵补的利率平价理论所预测的那样导致资本的大量流入。如果理性交易者和噪声交易者都在金融市场上共存，高利率会导致超额回报，吸引更多的噪声交易进一步加剧汇率波动率，最后使中央银行无法承受投机压力，转而实行完全的浮动汇率制。

第三节 利率与汇率波动率之间的相关性

一、变量与数据来源

本节的利率和汇率全部数据来自 Wind 资讯数据库。使用 2005 年 7 月 22 日至 2008 年 6 月 27 日的银行间同业拆借市场 7 天加权平均利率月平均值作为基准利率，用 LR 表示基准利率的对数值。通过 2005 年 7 月 22 日至 2008 年 6 月 27 日的人民币对美元汇率每日汇率中间价可以计算得到每月汇率中间价的标准差，取其对数形式作为汇率的波动率指标，用 LSDE 代表这一波动率指标。这里要说明的是，从 2008 年下半年开始，由次贷危机引发的全球金融危机爆发，经济形势急转直下，开始多次下调存款准备金和存贷款利率等手段向市场注入流动性，人民币对美元汇率也一直固定在 6.82 左右。因此，时间只取到 2008 年 6 月。

二、单位根检验

表 6 – 1　　　　　变量序列 ADF 单位根检验结果

变量	ADF – t 值	p 值
LR	– 1.57689	0.4821
LSDE	– 1.92089	0.3191
ΔLR	– 6.85964 ***	0.0000
ΔLSDE	– 5.278286 ***	0.0002

注：*、**、*** 分别表示在 10%、5%、1% 置信水平上拒绝原假设。

从检验结果中可知，LR 和 LSDE 的水平序列均不平稳，而它们的一阶差分序列均为平稳序列。因此，可以考察 LR 和 LSDE 之间是否存在协整关系。

三、Johansen 协整检验

假定协整方程中无线性趋势,滞后阶数为 2,对 LR 和 LSDE 进行协整检验,检验结果发现在 95% 显著水平下存在一个协整关系。这一协整关系表明利率水平和汇率波动率之间存在长期的均衡关系。由此可以建立向量误差修正模型(VEC)来分析 LR 和 LSDE 之间的联系。

四、向量误差修正模型(VEC)

建立汇率波动率 LSDE 和利率 LR 之间的 VEC 模型如下:

$$ecm_t = LSDE_t - bLR_t \qquad (6-11)$$

$$\Delta LSDE_t = a_1 ecm_{t-1} + \Delta LSDE_{t-1} + \Delta LSDE_{t-2} + \Delta LR_{t-1} + \Delta LR_{t-2} + \varepsilon_{1t} \qquad (6-12)$$

$$\Delta LR_t = a_2 ecm_{t-1} + \Delta LSDE_{t-1} + \Delta LSDE_{t-2} + \Delta LR_{t-1} + \Delta LR_{t-2} + \varepsilon_{2t} \qquad (6-13)$$

其中 ecm_t 是反映 LR 和 LSDE 之间长期均衡关系的误差修正项,$\Delta LSDE_t$ 和 ΔLR_t 分别是 LR 和 LSDE 的差分形式。对考察汇率波动率 SDLA 和利率 LR 之间关系的 VEC 模型即式(6-11)和式(6-12)进行估计,综合考虑 AIC 准则、SC 准则及 LR 准则,选取最佳滞后阶数 n=2,其中误差修正项的估计结果如下:

$$ecm_t = LSDE_t - 2.3799 LR_t + 4.9054 \qquad (6-14)$$
$$(0.3100) \quad (0.2875)$$
$$[-7.090] \quad [16.08]$$

从 VEC 模型中误差修正项的估计结果可以看出,汇率波动率和利率水平存在长期正向均衡关系。误差修正项中的各估计值均显著。下面进一步进行 Granger 因果检验来分析利率的变化是否是造成汇率波动率变化的原因。

五、Granger 因果检验

基于以上 VEC 模型，即可检验各变量之间的 Granger 因果关系，检验结果如表 6-2。从检验结果中可知，利率变化是汇率波动率变化的 Granger 原因，同时汇率波动率变化也是利率变化的 Granger 原因。

表 6-2　　　　　　　　Granger 因果检验结果

原假设	χ^2 统计量	P 值
ΔLR 不是 $\Delta LSDE$ 的 Granger 原因	5.399	0.0672
$\Delta LSDE$ 不是 ΔLR 的 Granger 原因	13.22	0.0013

六、脉冲响应函数

根据 Granger 因果检验的结果，在 VEC 模型基础上，通过脉冲响应函数来进一步分析利率 LR 水平变化对汇率波动率 LSDE 的冲击效应。在计算脉冲响应函数时，时段取的是 10 个月。

在图 6-1 中，横轴代表冲击作用的滞后期数（单位：月），纵轴代表汇率波动率的变化率。实线表示脉冲响应函数。从图中可以看出，在利率变化 1 个百分点之后，汇率波动率在各月份都受这一变化的正向影响；且在第 3 个月末达到变化 0.2% 左右的最高值；此后这一正向影响减少并趋于平稳。

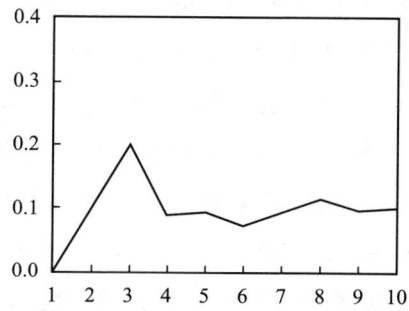

图 6-1　汇率波动率 LSDE 对利率水平 LR1 个标准差信息的反应

七、结果讨论

尽管影响汇率波动率的因素非常复杂,例如中央银行在外汇市场进行的干预与投机者攻击之间的博弈,以及寻利的噪声交易者的加入都会增加汇率的波动率。但从以上实证结果可以看出,中国利率与汇率波动率之间存在一定的关联效应,高利率是人民币汇率波动加剧的重要原因。

第四节 人民币汇率波动率的预测

尽管中央银行干预外汇市场的目的就是要稳定汇率,但多明格斯(Dominguez,1998)、常和泰勒(Chang and Taylor,1998)、永安(Nagayasu,2004)、弗兰克尔等(Frenkel et al.,2005)都指出中央银行的干预实际上增加了汇率的波动率。尼利(Neely,2008)调查了53个国家和地区的中央银行的汇率干预数据,发现中央银行的干预和汇率波动率是正相关的。

自从恩格(Engle,1982)开创性地提出波动率的建模和预测的基本问题后,一系列GARCH模型及其变形TGARCH、AGARCH、FIGARCH等就一直是在金融市场对波动率建模和预测的主力军,尤其以在汇率市场上的运用最为成功拉马尼格(Poon and Granger,2003)。一般认为能预测汇率波动率的有效时间最长为3个月,但李(Li,2002)、斯科特和图克(Scott and Tucker,1989)则发现即使6~9个月也是可能的。拉乌尼格(Raunig,2008)探讨了汇率波动率的可预测性。卡波拉尔等(Caporal et al.,2005)发现在亚洲金融危机中各国的汇率存在明显的GARCH效应。克莱门斯等(Clements et al.,2008)通过对5个国家货币对美元的当天汇率收益波动率的检验发现带有自回归异方差性质的模型有很好的预测结果,即使在有偏移的情况下。

一、数据来源及其统计特征

使用 2005 年 7 月 22 日[①]至 2008 年 6 月 13 日的人民币对美元汇率每日汇率中间价作为汇率指标,以每日汇率对数值差分的标准差(百分比形式)作为汇率的波动率指标,用 SDLA 代表这一波动率。不包括没有交易的日子,一共有 777 个观测值。

通过对连续两个工作日的汇率取对数差分形式得到汇率的变化率。LA 代表对人民币对美元汇率的对数形式。DLA 代表人民币对美元汇率的对数形式的每日变化量。图 6-2 是 DLA 的分布图。

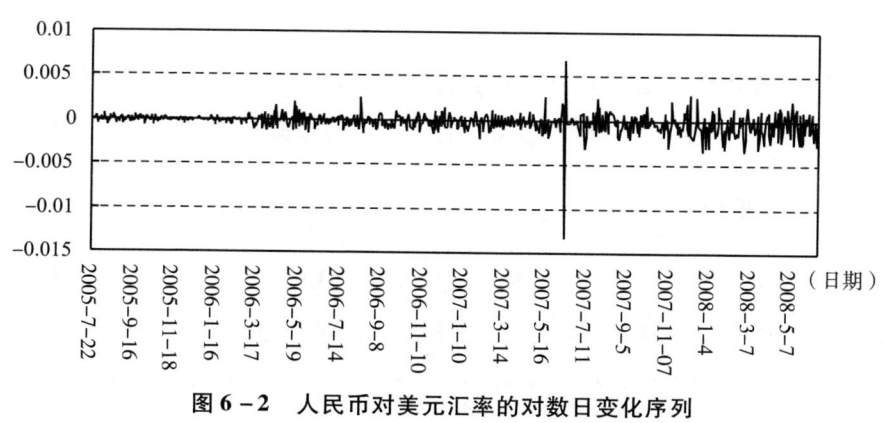

图 6-2 人民币对美元汇率的对数日变化序列

表 6-3 给出了数据总体的统计特征。其中 LA 部分是对数序列的统计特征,DLA 部分是对数差分序列的统计特征。差分序列的均值非常小(-0.00022),变化的幅度也很小,最小值(绝对值)是 0.01341。总的来说,统计特征显示差分序列不服从正态分布且峰度大于 3,显现出厚尾(fat tail)特征。

---

① 自 2005 年 7 月 21 日起,中国开始实行以市场供求为基础、参考一篮子货币进行调节、有管理的浮动汇率制度。人民币对美元即日升值 2%,即 1 美元兑 8.11 元人民币。

表6-3　　　　　　　　　　　统计特征表

统计量	LA	DLA
1. 均值	2.050074	-0.00022
2. 中间值	2.059698	-0.00014
3. 最大值	2.093443	0.00684
4. 最小值	1.944767	-0.01341
5. 标准差	0.03945	0.001023
6. 偏斜度	-0.89616	-2.87987
7. 峰度	2.855854	47.48479
8. Jarque-Beta	89.58599	55667.3
9. P值	0	0

二、人民币对美元汇率GARCH（1，1）模型

在用GARCH模型对汇率波动率进行预测时，首先要验检验所用数据是否平稳。其次，再估计GARCH模型之前必须要检验ARCH效应是否存在。

1. 单位根检验

从图6-1可以得知，LA看起来趋势不平稳，可能有单位根。相反从图6-2可以得知，DLA看上去趋势平稳，似乎接近白噪声。表6-4给出了对序列LA和DLA的趋势平稳的ADF（Augmented Dickey-Fuller）检验，表中给出了临界值的数值。

表6-4　　　　　　　　　对LA和DLA的单位根检验

	LA	DLA
ADF统计量	5.046696	-29.541
1%临界值	-3.44004	-3.44004
5%临界值	-2.86571	-2.86571
10%临界值	-2.56905	-2.56905
P值	1.000	0.0007

检验结果显示，LA 序列以最大的 P 值，即 100% 的概率接受原假设，即存在单位根的结论，是非稳的；DLA 序列在 1% 的显著性水平下拒绝原假设，接受不存在单位根的结论，是平稳序列。

2. 自回归条件异方差性——拉格朗日乘数检验（ARCH – LM test）

下面用 ARCH – LM 检验来测试 LA 和 DLA 时间序列中是否有 ARCH 效应（见表 6 – 5）。

表 6 – 5　　　　　　检验 DLA 中的 ARCH 效应

| F – statistic | 22.82364 | Prob. F (3, 525) | 0.000002 |
| Obs * R – squared | 22.12350 | Prob. Chi – Square (3) | 0.000003 |

此处 P 值为 0.000002 和 0.000003，拒绝原假设。也就是说在 DLA 序列中存在 ARCH 效应。

3. 人民币对美元汇率对数日变化 GARCH（1，1）模型

人民币对美元汇率对数日变化 GARCH（1，1）模型由下面的均值方程和方差方程组成。

（1）均值方程定义为

$$DLA_t = \alpha_1 DLA_{t-1} + \varepsilon_t \qquad (6-15)$$

其中，DLA_t 是人民币对美元汇率对数日变化的条件均值的当期值；DLA_{t-1} 是人民币对美元汇率对数日变化条件均值的一期滞后值；ε_t 是残差，是白噪声序列。

（2）方差方程定义为

$$h_t^2 = \beta_0 + \beta_1 \varepsilon_{t-1}^2 + \beta_2 h_{t-1}^2 \qquad (6-16)$$

其中，h_t^2 是条件方差；ε_{t-1}^2 是均值方程中残差平方的一期滞后值；h_{t-1}^2 是条件方差的一期滞后值。即，条件方差的当期值是常数项、条件均值方程的残差平方的一期滞后值和条件方差的一期滞后值的函数。

4. 模型估计结果

用（从 2005 年 7 月 22 日至 2008 年 6 月 13 日）的数据来估计 GARCH（1，1）模型，用数据（从 2008 年 2 月 29 日 2008 年 6 月 13 日）用来做预测检验。

人民币对美元汇率对数日变化 GARCH（1，1）模型的估计结果如下：

均值方程：$DLA_t = -0.154192 DLA_{t-1} + \varepsilon_t$

s. e. = （0.043395）

z – Statistic = （-3.553243）

P = 0.0004

方差方程：$h_t^2 = 3.26 \times 10^{-9} + 0.300938 \varepsilon_{t-1}^2 + 0.771839 h_{t-1}^2$

s. e. = （2.31×10^{-9}）（0.028767）（0.021349）

z – Statistic = （1.412141）（10.46126）（36.15259）

p = （0.1579）（0.0000）（0.0000）

结果表明，人民币对美元汇率对数日变化的条件方差可由高度显著的条件均值方程的残差平方的 1 期滞后值和条件方差本身的 1 期滞后值来解释。

再对估计后的方程进行异方差的 ARCH – LM 检验（见表 6 – 6），得到了残差序列在滞后阶数为 3 时的统计结果。

表 6 – 6　　　　检验 GARCH（1，1）中的 ARCH 效应

F – statistic	0.294336	Prob. F（3，525）	0.829503
Obs * R – squared	0.888241	Prob. Chi – Square（3）	0.828265

此处 P 值为 0.829503 和 0.828265，接受原假设。也就是说在残差序列中不存在 ARCH 效应。

5. 预测能力评估

为了对 GARCH 模型的预测能力进行评估，用该模型对 2008 年 7 月

29日至2008年6月13日人民币对美元汇率对数的日变化量的条件方差进行预测评估。预测评估结果如表6-7所示。

表6-7　人民币对美元汇率的对数日变化量方差的预测评估结果

均方根误差（Root Mean Squared Error）	0.001385
平均绝对误差（Mean Absolute Error）	0.001101
平均相对误差（Mean Abs. Percent Error）	99.04459
偏差比例（Bias Proportion）	0.995852
Theil不等系数（Theil Inequality Coefficient）	0.173562
偏差比例（Bias Proportion）	0.819688
协方差比（Covariance Proportion）	0.006750

从评估结果中可以看出，均方根误差及平均绝对误差的值都非常小，说明GARCH模型的预测结果与真实值的偏离程度很小，GARCH（1,1）模型对人民币对美元汇率的对数变化量方差具有很强的解释及预测能力。

6. 人民币对美元汇率的对数日变化量方差的预测

用GARCH（1,1）模型对2008年6月13日起的110个交易日的人民币对美元汇率的对数变化量方差进行预测。预测结果如图6-3所示。从预测结果可以看出，人民币对美元汇率的对数变化量的波动率在前90个交易日不超过0.001。但此后急速增加，从0.001上升至0.002仅需10个交易日左右，而从0.002上升至0.004也仅需10个交易日左右。这说明一旦人民币对美元汇率的对数变化量的波动率突破0.001，人民币对美元汇率就不能够继续维持较为平稳的波动水平，将发生剧烈波动。对此，可以比较表6-8经历过1997年亚洲金融危机的一些亚洲国家货币对美元汇率的波动率。

危机发生之后，这些国家的汇率波动率显著提高（见图6-8）。平均标准差从危机发生之前的0.94上升至3.17，平均方差从0.000149上升至0.00128733。如果按照目前的趋势人民币对美元汇率的波动区间持续扩大，那么从GARCH（1,1）模型的预测结果中可知，110个交易日即约 5 个月之后，人民币对美元汇率的波动率一旦突破 0.001 就会飞速增加，直至超过亚洲金融危机发生时上述四国货币对美元汇率波动率的平均值。可以说，如果不是全球金融危机爆发，中国人民银行大幅调低存款准备金率和存贷款利率，中国极有可能面临对人民币的投机攻击。

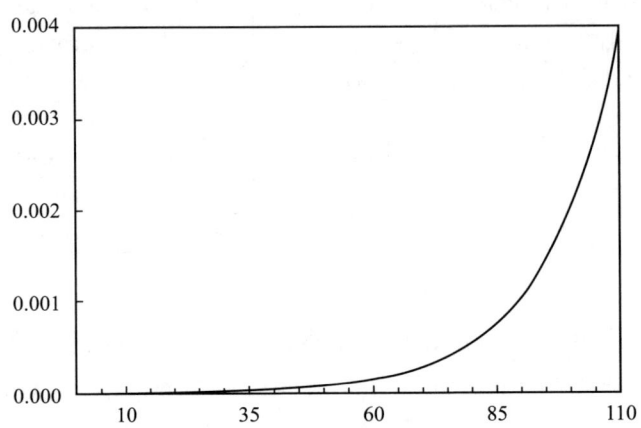

图 6-3　人民币对美元汇率的对数变化量波动率的预测

表 6-8　　　　　　　亚洲国家货币对美元汇率的波动率

国家	危机发生前		危机发生时	
	标准差	方差	标准差	方差
印度尼西亚	0.24	0.00000576	6.09	0.003709
韩国	0.79	0.00006241	2.29	0.000524
菲律宾	2.24	0.00050176	2.17	0.000471
泰国	0.5	0.000025	2.11	0.000445
平均值	0.94	0.000149	3.17	0.00128733

注：表中的标准差为各国货币对美元涨跌百分比变化量的标准差。
资料来源：IMF IFS 数据库和 ADB-ARIC 数据库。

小　　结

近年来，研究货币危机的大量文献所达成的共识是汇率的高波动率不是发生货币危机的充分条件，但却是必要条件。对中国利率和汇率波动率之间关系的实证说明不断提高的利率是导致汇率波动率的升高的重要原因，而对汇率波动率的预测结果意味着当时中国货币政策承诺的可信度正在下降。高利率政策不能捍卫汇率稳定，只能延迟危机，没有发生攻击时可以捍卫汇率稳定，在危机到来时反而起相反的所用。当然中国现在的情况和亚洲金融危机时大不相同，而且经济规模和总量比东南亚国家要大得多，但预测指导决策，货币政策的制定必然是中央银行对各方面利益的得失最终权衡的结果。

在中央银行与投机者的消耗战中，双方都有失败的可能，胜利的关键取决于双方谁能坚持到最后。即使中央银行在短期内捍卫成功，在中期也有失败的可能。如果中央银行意识到提高国内利率到太高的水平而自招其败，就会在投机者让步前主动决定退出。退出的时间取决于产出成本、利率和博弈价值（Gregori，2009）。当固定汇率制或盯住汇率制存在的价值低时，投机攻击很快就取得成功。当中央银行愿意把其大部分外汇储备作为赌注时，投机攻击反而可能失败。

中国的资本市场必然将会逐步向外开放，人民币终将会在资本项目下可自由兑换。国际资本的流动对国内货币和资本市场的冲击将会进一步加剧，汇率的波动对资本流动会产生重要影响。现行的汇率政策将面临必须适应资本自由流动而做出调整与选择，僵化的盯住汇率政策越来越容易形成对货币的高估或低估，从而诱发货币投机，最终引发金融危机。如继续实施盯住汇率制，将会出现盯住汇率制与资本自由流动并存的危险外部经济结构，从而难免重蹈东南亚金融危机的覆辙。因此，人民币汇率政策的调整势在必行。中国独立的货币政策和稳定汇率目标面临着严重挑战，在构建中国利率市场化主导下的并纳入汇率因素的稳健货币政策利率规则，也是适应国内经济发展和与国际经济全面接轨的需要。

第七章

中国货币政策的多重困境

第一节 宏观经济形势分析

经济学理论总体上还不是精确不变的科学原则。经济学家针对经济现象提出的各种解释和对策不断地被归纳、总结进而形成学派。经济理论特别是宏观经济理论有其特定的适用范围和政策主张,当脱离了这些现实条件,则必须接受历史和现实的检验。现实中制定和执行经济政策需要超越短期视角,关注长期问题,权衡取舍、动态最优各种经济、政治、社会目标,不可能长期依靠简单的财政、货币刺激来维持一个正常经济体的发展速度。

长期以来,中国粗放型的经济增长方式主要是通过大量资本、能源、原材料以及廉价劳动力等的投入来推动的,甚至还附加了巨大的环境成本,而技术进步或全要素生产率对经济增长的贡献比较低。除了高储蓄、高投资、高消耗、高代价和高劳动密集度等特点外,经济增长表现出严重地依赖投资和出口拉动的特点。与美国经济低储蓄、高负债、高消费、高贸易逆差的特征形成鲜明的对照,中国经济以高储蓄维持了高投资,以高净出口弥补了低消费造成的内需不足,又以大量贸易盈余带来的充裕外汇储备支持了美国的外部融资。过度依赖于固定资产投资、FDI、出口和房地产发展的经济增长模式导致了国内经济高度繁荣的同时，却也引起了严重的内外经济失衡问题，从而影响了我国经济增长的潜在能力。

一、经济增长

秉承古典经济学传统的各学派都一致认同，在长期，生产率是经济周期的最终决定因素和经济增长的源泉。从历史看，甚至是唯一的决定因素。长期以来，资本都被认为囊括了提高劳动生产率的一切因素。但到20世纪中期，索洛（1957）发现1909~1949年美国的产出水平增加一倍，但只有12.5%源于资本和劳动投入的贡献，其余的都归因于"索洛余值"，即那些无法衡量的、代表技术变革和经济结构的因素。资本与技术进步和资源有效配置之间的协同作用远远超过其对生产的单纯影响。

在新古典增长理论中以索洛为代表的早期外生增长理论将劳动生产率视为一个技术进步决定的外生变量。库兹涅兹认为经济增长是一国一定时间内总产出的增加，以人均产值高增长率为特征的现代经济增长的主要原因是劳动生产率的提高。产出的增加可以用资本、劳动和技术进步来解释，亦即经济增长的源泉可被归结为资本、劳动以及技术进步，生产率下降意味着经济增长放缓。实际经济中的波动对生产商品与服务的能力的冲击并不一定是合意的，但依然是无法消除和避免的。新古典内生增长理论则将经济增长的源泉完全内生化，将知识外溢、人力资本、干中学、收益递增等纳入研究范围，发现人均产出或生产率的长期趋势是递增而非递减的，产出其实可能无限增长，而不是像早期增长理论认识的那样经济增长率最终会收敛于一个与人口增长率相一致的稳定值。

根据国家统计局2019年4月17日公布的宏观经济数据：2019年1季度GDP同比增长6.4%，2019年3月规模以上工业增加值同比增长8.5%，社会消费品零售总额同比名义增长8.7%，全国固定资产投资（不含农户）同比名义增长6.3%。1季度数据除投资增速符合市场预期，

中国货币政策的新政治经济学分析

GDP同比增速、工业增加值同比增速以及社零同比增速均好于市场预期。从需求端看，1季度经济增长超预期的动力源于房地产投资和消费的改善。从供给侧看，1季度经济增长超预期的主要驱动因素是制造业生产的明显回升。1季度制造业工业增加值同比增长7.2%，其中3月同比增长9%，前者达到去年以来的最高点，后者达到2015年以来的最高点。另外，采矿业工业增加值同比增速持续改善，3月回升至4.6%，这是供给侧改革以来的最高水平。

中国的劳动生产率水平仍较有很大的提升空间。2008年，仅相当于美国的5.9%，日本的7.7%，俄罗斯的24.8%[①]，远低于发达国家和部分新兴经济体。根据国家统计局国际统计信息中心测算[②]（数据来源为国际劳工组织），1996~2015年，因基数低，中国劳动生产率年平均增速为8.6%，大大高于同期世界平均增速。1996年单位劳动产出只相当于世界平均水平的10.6%，2015年已达到40%，相当于美国的比重也从2.1%提升到7.4%。2015年，中国单位劳动产出只有7 318美元，明显低于世界平均水平18 487美元，也低于美国水平98 990美元。得益于改革开放，市场经济体制建立等一系列举措，中国生产率有了一定程度提高。但2008年开始，中国劳动生产率的增速呈下降趋势。根据学者测算，中国的全要素生产率增速已经跌到负值。经济潜在增长已经放缓，面临着比20年前的亚洲金融危机，10年前全球金融危机时更为严峻的考验。

如果把增长视为生产可能性边界的外移，即产量的增加。那么，发展就是生产可能性边界形状的变化，即生产结构的改变。尽管二者存在差异，大多数经济学家认为增长是发展的前提，没有增长，结构变化就不大可能发生，对人力资本的投资也就不可能长久，更不可能有发展的出现。增长是发展的核心，但发展绝不仅限于增长。没有发展的增长在长期难以

---

① 马建堂：《全面认识我国在世界经济中的地位》，载于《人民日报》，2011年3月17日16版。

② 国家统计局国际统计信息中心：《国际比较表明我国劳动生产率增长较快》，http://www.stats.gov.cn/tjsj/sjjd/201609/t20160901_1395572.html。

为继。经济发展是市场的发展，市场决定了发展的速度。许多发展中国家广泛地使用政府调控来补充市场机制，反而使市场通常没有机会充分发展。

中国经济如果要持续增长，需要建立新的生产方式和生产关系。以在发展经济学教科书中被广泛引用的联产承包责任制为例，当时既没有数万亿投资，农业科技既无重大突破也未广泛用于农业生产，农产品出口相对农业总体规模有限，农村和城市居民消费水平在改革初期也未明显改善，也没有实行刺激总需求的财政政策和货币政策，农业劳动生产率和农业产出却都蓬勃发展。一样的土地、自然环境和劳动力，但是由于制度的差异而导致生产率差异呈天壤之别。这并非个例，据传苏联的农民用1%的自留地生产了苏联27%的农产品。凯恩斯主义的理论既不适用，也无法解释。按新古典和新制度经济学的说法来说就是保护产权，激励了人的经济理性，通过制度创新实现了公平与效率的统一。另外还可得出结论，在短期如果没有重大科技进步和创新，仍然可以通过制度变迁充分发挥人的活力、创造性以及改善资源配置效率促进劳动生产率和全要素生产率来推动经济增长，制度创新也是一种生产力。

再比如，以城镇化建设为例。实际上，从经济学的角度看来，城镇化是一个经济结构动态优化的过程，是不以人的意志为转移的社会生产率不断增进和演化的过程和结果。无论分歧多大，几乎所有的经济学派，古典、新古典、新制度经济学、信息经济学、演化经济学、新经济地理学、马克思主义等，都认同一条放诸四海而皆准的人类社会发展规律：生产和交易的集中必定会导致城市出现，古今中外概莫能外。生产要素不仅要在时间、空间的维度内按经济规律自由流动、聚集，还要因生产率动态差异按市场规律在农业、工业、服务业间实现最优配置，通过有效率的经济组织和个人生产、分配、交换、消费。按经济规律发展城镇化，废除束缚生产要素自由流动、高效配置的旧制度，既能释放和激发人的创造性和活力，又能实现公平与效率的统一，让经济焕发勃勃生机，重回增长与繁荣良性循环的轨道。

工业化、农业现代化、服务业市场化早被历史证明是经济结构优化的必由之路。当前,中国农业仍落后发达国家近一百年①。无论采用何种计量方法,不考虑要赶超的技术水平差距,仅从资源配置效率来说,中国制造业全要素生产率与最发达国家如美国相比仍有30%～50%的改进空间(Chang–Tai and Klenow,2009)。服务业的差距还大于工业。所以,经济增长潜力巨大。

经济增长不会自动发生,生产要素不会从天而降,它们必须要被生产出来。同样地,生产要素也不会自行组织起来,资本、劳动和科技只有通过有目的的结合和组织,才能转化为现实生产力。发达国家究竟比发展中国家先进在哪里?固然,有很多物质资本和人力资本、强有力的私有产权保护、竞争且开放的市场等等。此外,各种生产要素都要以最有效的方式组织起来,以最新的科学技术和最有效率的方式进行生产。生产和配置生产要素的关键在于制度能否产生合理的激励,好的制度激励理性的经济人或组织创新、创造,使个人利益和社会利益趋于一致。新古典和新制度经济学认为以利己心为动力的资本主义市场经济,通过供求关系,能以最有效率的方式、或接近于最有效率的方式来配置资源。包含于制度之中的激励结构,让个人的努力与其回报真正挂钩,使得整个社会福利最大化。

竞争的市场会将资源引导到其最有价值的用途,实现帕累托最优或经济效率,即没有任何人能够在不损害其他人利益的条件下改善自己境遇的状态。竞争也会增进市场效率,企业和个人都处于选择最有效率的技术,以最低成本进行生产的不断压力之下。熊彼特认为,资本主义市场经济的发展主要取决于企业的技术创新,而企业家正是技术创新的组织者和实践者。创新者的第一本能就是以无情的自信,抵制和推翻旧认知和枷锁,不断创新,建立一种新的生产函数,把生产要素和生产条件的新组合引入生产体系,才能突破边际收益递减规律,扩张生产可能性边界,成为经济不断前行的不竭动力。创新会打破经济的静态循环,并在较高收入水平上的新均衡位置实现经济发展。

---

① 参见中科院:《中国现代化报告2012:农业现代化研究》。

第七章 中国货币政策的多重困境

二、投资和消费

凯恩斯理论的通俗理解是，国民收入决定于消费和投资，消费由消费倾向和收入决定，消费倾向比较稳定。因此，国民收入波动主要来自于投资的变动。凯恩斯主义特别强调投资的重要性。投资增长会通过乘数作用使收入增加，收入增加时会增加消费，从而使整个社会的消费增加。这样会促进投资以更快的速度增长，而投资的增长又使国民收入增长，从而消费再次上升，如此循环往复，国民收入不断增加。然而，社会资源是有限的，收入的增加迟早会达到资源所容许的顶峰。一旦经济达到周期的顶峰，收入便不再增长，从而消费也不再增长，消费增长的停止意味着投资量下降为零，收入相应减少，如此循环往复，国民的持续下降使社会最终达到经济周期的谷底。只要政府对经济干预，就可以改变和缓和经济波动。例如，采取适当政策适当刺激投资，鼓励消费等措施，就可以克服和缓和经济萧条。

消费和投资在凯恩斯主义框架里是研究整体经济活动的关键。对经济增长而言，社会资源在消费和各类投资之间的分配是理解长期生活水平的核心。对经济波动而言，消费和投资是产品需求的主体。传统的凯恩斯消费函数假定消费取决于现期的可支配收入。凯恩斯认为，总消费量主要取决于总收入量，并且这个关系是一个相当稳定的函数关系。凯恩斯进一步强调，一个较高的绝对收入水平会导致一个更大的收入比例用于储蓄。

投资由利率和资本边际效率决定。利率决定于流动性偏好和货币数量。资本边际效率由预期收益和资本资产的供给价格或者说重置成本决定。大萧条产生的原因是难以寻找到足够的投资机会来消化经济增长带来的大量储蓄，消费需求和投资需求所构成的总需求不足以实现充分就业。消费需求不足来自资本边际效率在长期递减，为此，必须发挥政府作用，用财政政策和货币政策来优先实现充分就业而不是物价稳定。财政政策就是用政府增加支出或减税增加总需求，通过乘数原理引起收入增加。凯恩斯的建议很现实，当储蓄大于投资时，政府出面借出多余的储蓄然后投入到社会有益的工程中。政府消费和支出的增加创造出充分就业下的经济均衡，同时还不会增加库存。政府应该做出何种类型的消费或支出？凯恩斯本人比较偏向于有用的公共设施，如学校、医院、公园等公共服务设施。虽然很多人认为凯恩斯提倡政府应对所有企业投资决策进行控制，但凯恩斯真正提倡的是政府用支出政策稳定一国经济中的投资总水平。

不可否认，企业的投资需求和居民储蓄的供给共同决定了经济中产出的投资数量，因此，投资需求对长期的生活水平有重要影响，投资需求是短期经济变动的一个重要原因。

为什么经济发展到一定程度会普遍发生这种生产率和经济增长先增后减的现象？根据投资边际收益递减规律很好解释：在技术水平不变的条件下，在连续等量地把一种可变生产要素增加到其他一种或几种数量不变的生产要素上的过程中，当投入量小于某一特定值时，也就是达到最优的生产要素组合比例时，增加该要素投入所带来的边际产量是递增的。当达到特定值时，边际产量达到最大。超过这个特定值时，增加该要素投入所带来的边际产量递减，直至为零，甚至为负。以后发现即使所有的投入要素都跟着加大，边际收益递减规律照样起作用。比如，劳动和资本同时都按比率增加，所得到的产出也不会像投入增加的那样同比例增加，而是逐渐减少。

中国早期用金融压抑下高储蓄形成的廉价资本，廉价劳动力，环境成本，成熟且容易模仿的技术等实现了经济飞速增长。但从国家统计局的数据可以看出，资本形成总额对国内生产总值增长贡献率和对国内生产总值增长拉动已呈递减趋势，分别从2009年的86.5%、8.1%递减到2017年的33.8%、2.3%，这说明投资效率大幅下降，即使增加更多的投资，也只能短期将经济增速维持在潜在增长水平以上，然后逐渐衰减，刺激物价水平直线上升，引发恶性通胀。一个正的投资冲击过后带来的不是消费的增加而是减少。微观经济主体——企业和个人投资决策的唯一标准，就是看此项投资的净现值是否大于零，投资能够有回报且回报率是否能高于投资成本。政府公共投资也要衡量社会福利增加能否够高于投资成本。

三、国际贸易

中国国际贸易形势不容乐观。按中国海关公布的数据,中国2019年3月进出口总值2.46万亿元,同比增长9.6%。其中,出口1.34万亿元,增长21.3%;进口1.12万亿元,增长-1.8%;贸易顺差2 212.3亿元。3月出口增速大幅增长,一方面由于春节因素消退,3月贸易受到的干扰较上月小;另一方面,2018年2~3月基数剧烈变动,2月基数较大而3月基数相对较小(-10%),这也支撑了3月出口产生两位数增长。低基数和节日因素消退导致出口增速大幅提高。虽然由于基数较低和节日因素消退等原因3月出口增速较高,欧美日经济增长也纷纷出现放缓趋势。从全球外贸需求的角度来看,未来出口形势仍较严峻,2019全年出口增速相对于2018年来说大概率仍会下行。

若一国名义汇率低于其实际均衡值,则该国居民遭受多重福利损失。在国际贸易中,进口时,蒙受一次福利损失。出口时,又遭遇一道福利损失。同时由于外汇占款投放货币过多,因通货膨胀税而承受一重福利损失。国际投资中同样如此。本质上,新重商主义的偏执与重商主义并无二致,将美元当黄金一样储备,罔顾实际汇率升值与劳动生产率递增同步的事实,以增加出口、对外投资为名,坐拥巨额外汇储备,宁愿为美国债务提供低成本融资,也不愿意让本币升值,提升本币购买力,增加进口,或多投资修建几座学校、医院等,增加教育、医疗等公共产品和服务的供给来提高本国人力资本和社会福利水平,改善收入分配等等。大量的历史和实证表明,发达国家在现代化进程中,都经历了本币升值这个阶段。企业按市场和经济规律,追加R&D的投入,采用最先进的技术装备,加大对工人的培训和教育,提高生产率来降低单位产品的成本,通过创新和创造生产出附加值高的新产品和服务,用外汇衍生工具对冲汇率风险等等。

在全球生产网络的专业化分工中,中国及周边东南亚国家仍处于价值链低端。中国可以看成是亚太地区对美、欧出口的低成本的零件组装中心。按常理,人民币升值会导致 G3 国家和地区(美、欧、日)从中国进口价格上升,相应减少进口总量。但实际上,长期来看,特别是自 2005 年汇改以来,G3 国家从中国进口商品的价格几乎未变,进口总量也未降低,人民币汇率变动对 G3 国家货币币值的影响更是可以忽略不计(Granville et al.,2011)。这意味着中国出口商品的价格对贸易的实际影响远超汇率波动。中国出口商能调整利润率来确保出口商品价格不变的一个主要动因就是,低廉的生产成本——人为压低、行政控制、国有垄断的扭曲的生产要素价格,资源耗竭,环境污染,金融压抑,出口退税和汇率管制等一系列优惠性财政、货币政策,低社会保障、低工资、低受教育水平、劳动力市场严格管制下的廉价劳动力等等。人民币汇率升值对出口的实际影响远没有媒体渲染的那样神乎其神,即使大幅升值也不能降低美国的贸易赤字。概言之,人民币实际有效汇率升值对中国国际贸易收支平衡没有长期影响。

东亚区域经济相互依赖程度非常高,中国与区域内其他新兴国家的贸易是互补的。中国从亚洲其他国家进口,然后出口到美国,处于区域贸易中最重要的位置。2005 年以来的人民币相对美元升值和国内面临的通货膨胀显著影响中国和亚洲地区的经济增长。现有的汇率制度也限制了中国经济应对内部和外部冲击的能力,使中央银行丧失了国内货币政策的独立性。美国的货币政策工具如联邦基金利率不仅影响其国内的产出还影响着中国的实际产出(Johansson,2009;Rodríguez and Rowe,2007)。即使人民币对美元贬值 1%,中国对美国的出口会增加 1.7%,而美元对人民币贬值 1% 只会增加美国对中国出口 0.4%(Baak,2008)。即使人民币单独升值 10%,中国的正常出口只会减少 12%,加工出口的减少则会少于 4%,而加工出口仅占中国总出口的一半。贸易供应链上的其他东亚国家的货币升值 10% 并伴随着人民币的相应升值才能减少加工出口 6%。人民币和其他东亚国家货币联合升值 10% 才能减少加工出口 10%。相对于人民币单独升值或其他亚洲国家货币的升值而言,整个东亚地区国家的货币集体升值才能扭转美国和欧洲的贸易失衡,进而矫正全球经济失衡(Torbecke and Smith,2010)。

第二节 久违的通缩

尽管相互影响的机制复杂，一般公众都从经验上认同，衰退会导致通缩。但计量发现两者之间存在着互为因果的格兰杰因果关系，通缩极有可能会降低增长或引发衰退，通缩率越高，经济增长率下降受其影响越严重（Guerrero and Parker，2006）。通过检验过去两个世纪的历史数据，只有在金本位时期，少数几个主要发达经济体内发生过因生产率大幅改进，产出增长的速度超过货币供给增长而发生良性通缩，如美、英、法（Borio and Redish，2004；Beckworth，2007）。"二战"后，全球普遍实行法定货币制度，良性通缩屈指可数，如瑞典（Edquist，2013）。对发达国家而言，衰退与通缩同时发生的概率相对较小。绝大多数情况下，通缩一般都与经济增长放缓或衰退密不可分，产生的原因则是同时发生的负的货币政策冲击、正的供给冲击、零利率下界、名义刚性等在一定程度上的混合，还有可能因债务违约，通缩预期增强而减少消费，货币需求增加等加剧。

一、货币制度

通缩出现的频率还与货币制度直接相关。金本位，号称历史上最接近理想状态的货币制度，最优的固定汇率制，最稳健的名义锚，外部冲击的吸收器，在不同时期绩效各异。1913 年，实行传统金本位的国家占当时地球上国家总数的 48%，经济总量占全球 GDP 的 67%，国际贸易的 70%。此前，金本位很好地应对了各种冲击，促进了国际贸易和投资，抑制了汇率波动，稳定了经济增长。

金本位为什么最终会解体？1914 年以前，即使在硬盯住的汇率制下，世界经济也有足够的灵活性来吸收贸易波动。工业革命后，西方发达国家完成了农业国向工业国转型，资本主义也从自由竞争过渡到垄断阶段，生产率以几何级数增长,创造出的社会生产力超过以前世代的总和,人口按马尔萨斯预测的那样飞速增长。充当货币物理载体的黄金,现实中生产、流通、存储等成本过高,其存量、产量、物理特性等均不能适应社会化扩大生产扩张的步伐以及交换的需要。特别是大萧条发生后,全球普遍经历通缩。由于货币供给受自然条件约束,金本位这种货币制度逐渐成为经济发展的桎梏,最后不得不被抛弃。

新古典认为政府在战争时期为了征收铸币税而临时放弃金本位,用国家信用发行不可兑换的纸币。但后来发现这种货币制度具有更大的灵活性,并具备一定可信度。尽管存在时间不一致性,特别是限制资本自由流动后,仍然可以相机抉择执行扩张性的独立的货币政策,阻止了通缩加剧,国民收入和社会生产下滑(Mitchener and Wandschneider, 2015)。凯恩斯主义提出了名义刚性的观点,即随着农业向制造业结构转型,即便价格水平下降,金银本位下,货币供应量不可能适应价格水平自由调整,工资仍呈上涨趋势的工资刚性。现在除奥地利学派外,基本上没有其他学派提议重返金本位。所以,传统意义上的良性通缩很难再现,通胀却越来越频繁。

表面上,历史与现实总是惊人的相似。20世纪30年代,亚洲各国都早已放弃银本位,世界上唯一还在实行银本位的是中国。白银在当时就只是一种工业原料,早已丧失了货币属性,而且中国还不是世界上主要的白银生产国。大萧条后,因全球白银价格大幅下跌,中国实际汇率贬值导致出口增长势头良好。1932~1935年,大量的白银从内陆省份运输到当时的金融中心——上海。后又因美国白银购买法案的影响,白银在全球范围被大肆收购,国际上白银价格急剧上涨,中国汇率也大幅升值,最后出口萎缩。随后,中国绝大多数主要城市都经历了通缩,价格水平和产出急剧下降,有时通缩率即负的通货膨胀率达到了两位数的水平。1934年,上海发生信用恐慌,股票和房地产在经历了短暂的繁荣期后发生了暴跌,用现在的话说就是资产价格泡沫破灭。直到国民党政府于1935年宣布放弃银本位,实行法币,物价水平才开始逐渐恢复正常。正是这次经济金融危机极大地削弱了中国经济实力，1937年抗日战争全面爆发。尽管货币主义（Friedman，1962）和新古典（Brandt and Sargent，1989）对此的解释针锋相对，至今并无定论，但至少从表象上看，银价的大幅飙升加速了通缩并对实体经济造成伤害。美国的白银购买法案在计量上只能解释部分原因，汇率在其中起的作用却非常显著（Burdekin，2008）。

二、汇率制度与资本流动

1998~1999年、2001~2002年，中国也经历了两次通缩。除当时从紧的宏观经济政策外，非贸易部门的生产率增速下降也是一个重要原因（Guerineau and Jeanneney，2005）。21世纪，中国还在实行的有管理的浮动汇率制，实际上仍然是一种盯住美元的变相的固定汇率制。货币政策调控的目标基准利率和名义汇率之间是一种非单调的关系，即小幅提升利率会导致名义汇率升值，提升的幅度过高反而会让名义汇率大幅贬值（Hnatkovska et al.，2013）。无论主观上喜欢与否，美国的总需求、总供给和货币政策冲击客观上对全球经济有显著的溢出效应，尤其以货币冲击为最，直接影响全球产出。也就是说美国的宏观冲击通过金融渠道（比如利率）和贸易渠道（比如实际有效汇率）向全球传播（Feldkircher and Huber，2015）。美国利率对其他发达和发展中国家经济仍影响强烈（Kim and Yang，2012）。2018年起美国经济增长强劲，美元升值趋势分明。从博弈论的角度看，如果其他国家货币都贬值的情况下，而美元单独升值，国际资本会回流至美国，助力美国经济增长，符合美国利益。与其挂钩的人民币也有可能相应升值但相对美元贬值，目前进出口已低迷，中国的PPI（生产价格指数）从同比和环比来看已从2018年6月进入通缩，CPI（居民消费价格指数）从2018年12月开始转正为负，国内通缩迹象明显。

大量资本外流会不会引发像20世纪30年代的通缩与萧条，已成为议论的焦点。实际上，近一个世纪后，各项内外条件都发生了巨大变化。最关键的是，当时白银可以自由流入流出，也就是现在意义上的资本项目下自由兑换。国民党政府也曾试图通过征收"托宾税"来阻止白银流出，但根本就无法管制上海的外国银行输出白银，再加上日本大量走私中国白银出口，政策基本无效。当前中国资本项目下没有完全自由兑换，资本不能转换成美元大量自由流出，历史自然不可能重演。除非央行不知以何种目的借改革开放的名义，不顾一切地宁可推进资本项目可兑换来自毁长城，也不愿意让汇率自由浮动，引导企业用成熟的外汇衍生产品对冲汇率风险。落后的货币制度削弱了整个经济的运行效率及应对风险的能力。

三、通货紧缩的解决方法

经济学各学派早就针对大萧条提出了应对通缩的方法。按凯恩斯主义的观点，当经济衰退时，货币流通速度放慢，这时中央银行增加货币供给对经济的影响也就可能被货币流通速度下降所抵消。政府有可能实施货币政策无效，但实行财政政策十分有效。凯恩斯提出的著名的"流动性陷阱"假说就是描述大萧条时的货币政策，那时各国央行与现在央行在全球金融危机时做的一样，将利率降到接近零的水平，也就是零利率下界，但无论增加多少货币，市场参与者都不增加投资和消费，使得货币政策失效，无法实现刺激经济增长的目的。尽管零利率下降，能放大财政乘数，扩大政府公共消费和支出的财政政策也的确是减轻衰退和萧条中力度最大的政策工具，但其挤出私人消费的挤出效应也被放大（Gomes et al., 2015）。

货币主义论证，只有货币政策才对产出波动的影响最大，大萧条是实行错误的货币政策的结果，央行如能增加基础货币的供给，本可免除危机。其具体建议是实施自由浮动的汇率制度和一个稳定的单一规则的货币政策，即弗里德曼规则，仅以一个固定的比例增加货币供给作为控制经济的货币政策。但弗里德曼规则隐含的推论，即最优通货膨胀率应该是负的，世界上也没有一个国家真正实行。新古典则认为，既要增加货币供给又要将利率保持在一个较低并为正的水平上，实施反周期的财政政策和以就业为目标的货币政策，对企业减税，设法改变公众对通缩的理性预期，降低收入不平等程度。解决通缩与衰退的最好办法，全球都是统一的，那就是通过改革创新，实现社会生产率总水平的整体跃迁。

第三节 通货膨胀的阈值效应

最新的研究发现，通胀与经济增长之间是一种非线性关系。当通胀率低于一个临界值时，适度的通胀对经济增长有正向激励作用。当高于这个阈值时，就起反作用，通胀对经济有害无益。极端情况下，超级或恶性通胀将导致经济崩溃和实际产出大幅收缩。

怎样精确估算这个临界值对各国货币政策制定者来说至关重要。事实上，全球范围来看，测度这个临界值或最优通胀区间的结果是混杂的。除最发达工业化国家的阈值相近外，即使对同一个国家，用相同的样本数据也会因为用不同的计量方法导致结果大相径庭，用同样的方法但采用不同时间跨度的观测变量也是如此，更不用说不同类型和发展阶段的国家和地区间的差异了。

一、各国通货膨胀阈值水平

发达国家通胀的阈值水平远低于发展中国家和最不发达国家，且呈收敛的趋势。可汗和森哈德吉（Khan and Senhadji, 2001）用140个国家和地区的大样本数据进行检验，发达国家的临界值一般为1%~3%，发展中国家则为11%~12%。洛佩兹和米格农（López-Villavicencio and Mignon, 2011）测算出OECD国家阈值的平均水平约为2.7%，而发展中国家的为17.5%。比克（Bicker, 2010）对40个发展中国家1960~2004年间的数据进行检验,发现阈值的平均水平为12%。亚洲32个国家1980~2009年间阈值的平均水平为5.43%,高于临界值后,年通胀率每增加1%,人均GDP增长率就降低1.63%(Vinayagathasan,2013)。南部非洲发展共同体国家的阈值为18.9%(Seleteng et al.,2013)。在长期存在高通胀的拉丁美洲国家,年通胀率增加每1%,经济增长率就降低0.28%(Bittencount,2012)。即使对同样的工业化国家,用面板平滑转化回归得到的阈值是2.52%,用似无关回归方程和广义最小二乘法得出的阈值是3.18%,用CCE方法是2.44%(Omay and Kan,2010)。可见,2%是如何成为实行通胀目标制的发达国家央行,比如美联储、欧洲央行、英格兰银行、日本央行等,或多或少、或明或暗宣布要实现的通胀目标的一个决策依据。

通胀对经济增长的阈值效应已开始被看作对货币长期中性的一种挑战。实际上,更多稳健的实证和经验研究早已证实,通货膨胀不是经济增长的原因,反而成为增加经济增长长期趋势中的一种噪声、扰动和不确定性。不同学派的经济学家都或多或少同意货币政策在短期因名义刚性而非中性。但在长期,即使货币主义也承认,除名义价格外,货币变量不能改变和影响产出、就业、实际增长率等实际经济变量。新古典认为通胀是对实物资本和人力资本的一种隐性税收。凯恩斯主义指出通胀会限制投资水平,降低投资效率。通货膨胀往往加剧了资本积累的困难,扭曲了激励,降低了生产率,同时也加剧了分配不公。"二战"后西方发达国家的经济繁荣也正是结束于一场通货膨胀危机。跨国的实证早已证明通货膨胀与收入不平等是高度正相关的,通货膨胀会使不平等的情况加剧(Albanesi,2007),影响社会长久稳定和经济可持续发展的关键因素。

二、通货膨胀目标制

全球金融危机发生前,学界与政界已达成广泛共识,通胀目标制是最好的货币制度,低通胀是央行货币政策最重要的目标,能实现通胀或物价

第七章 中国货币政策的多重困境

稳定的积极的货币政策是宏观经济稳定的充分条件。但随后残酷的现实让迂腐的成见烟消云散，各国央行实施的各种非常规的货币政策的实践证明，经济增长和充分就业要优先于其他目标。在金融摩擦和债务高企条件下引发的通缩对经济和金融的潜在冲击力度远超想象，这时实行严格的通胀目标制和标准的泰勒规则类的逆周期的货币政策效率低下（Gambacorta and Signoretti，2014）。

挑战和颠覆传统的是，意图同时实现价格稳定和金融稳定双重目标的中央银行总会面临时间不一致问题，也没有实证支持两者之间存在稳健的正相关联系，即使在一个低通胀的环境里金融危机也很有可能发生。金融稳定应该独立于价格稳定目标，并要从宏观和微观层面同时监管才能实现（Blot et al.，2015）。如果中央银行事先选定一个社会最优通货膨胀水平，那么事后就有足够的激励发动一场通货膨胀来减少债务负担。

诚如货币主义所言，"通货膨胀无论何时何地都是一种货币现象"，但治理通胀最有用的工具并不是货币政策，不紧缩货币而用其他手段来治理和消除通胀成功不乏先例。因为，紧缩货币即意味着同时压抑总需求和总供给，这样会造成产出和就业减少，经济会处于一个低均衡的状态，经济增长停滞，失业率上升，社会福利水平降低。不同学派开出治理通胀的处方迥异：新古典宏观呼吁提升生产率来实现总供给与总需求动态均衡的内生增长；新制度经济学要求设计和建立一个好的制度来实现公平与效率的统一，鼓励竞争和创新，降低交易成本；新开放宏观赞成浮动汇率制或资本自由流动；供给学派提议降低税率刺激生产；新凯恩斯主义倡导降低名义利率；货币主义则建议实施"弗里德曼规则"，即名义利率为零，货币的供给应保持一个与长期经济增长相一致的稳定的增长比率。实施货币金融政策支持经济结构调整和转型升级，应建立于现实和科学分析的基础之上。

绝大多数发展中国家的中央银行通常在政府的严格控制之下，其独立性是有限的，与通货膨胀作斗争的可信度不高。当今我国关乎民生和社会稳定的教育、医疗和社会保障改革等都需要钱，同时贫富差距还要受到控制，不能使之加剧。除此之外还要通过相机抉择试图使得经济处于通货膨胀和失业的最佳组合状态，保持社会政治经济稳定。中央银行有发动意外通货膨胀的激励，即用通货膨胀来为政府的支出和财政赤字融资。

就当前复杂和不容乐观的内外经济形势而言，货币主义认为这是由于人们认识到未来预期收益下降，纷纷撤出投资，产出和就业因为资金短缺而被迫紧缩。货币主义的解决办法是首先将利率降到尽可能低的水平，这样就可以使用数量工具，加大货币供应量直至资产价格和投资活动恢复到原来的水平。这样做也许能帮助清理不良资产和解决流动性问题，但并不能使有结构性缺陷的经济重归繁荣。

凯恩斯主义认为当前经济低迷的原因是投资需求的下降，接着是消费需求的减少，最后结合在一起就是总需求的萎缩，产出下降则是因为利率没有下降得足够低。凯恩斯主义的解决方案是运用货币和财政政策的组合，刺激总需求，比如减税、刺激消费需求和增加公共支出等，来恢复投资者的信心，控制经济周期。但当中央银行过量发行货币，从而人为地压低了利率时，低利率造成了过度借贷和支出，这反过来又引起了通货膨胀。20世纪70年代实施的扩张性财政和货币政策不仅不能支持有效需求，实际上反而通过加剧通货膨胀恶化了资本积累的状况，既不能防止通货膨胀危机也不能扭转失业率的长期上升。不断增加的通货膨胀使中低收入阶层储蓄贬值，名义收入的增加导致了更加沉重的税赋负担，导致了对产品的需求不足，最终限制了生产。

新古典经济学认为货币政策的刺激只会带来通货膨胀，对就业和产出没有任何显著影响，不仅无效率而且不公正。政策实践也已经证明，仅通过控制货币供给来实现和谐的经济增长是不可能的。正是中央银行对经济的过度刺激创造了产生衰退的条件，货币主义无限量供应货币和凯恩斯主义增加政府支出的处方只能使问题更加严重，政府却反而成为通货膨胀和失业的根源。

第七章 中国货币政策的多重困境

第四节 投机压力

一、利率与货币政策

尽管对高通货膨胀的经典货币反应就是提高利率,这也许能够降低通货膨胀。国内利率上升会导致资本的迅速流入和本币的实际升值,从而进一步对本国出口和进口竞争性行业造成冲击。

即使中国有接近无限的劳动力资源供给,但通货膨胀严重导致劳动力工资、生活成本和生产要素价格上涨,投资成本迅速上升,国际竞争力下降。过高的利率还会导致产出与就业的下降,降低真实工资,削减利润。并且当人民币升值和通货膨胀高到足以影响中国的出口和国内经济时,特别是中国在相当长的时间内,仍需要通过国际市场的需求来带动国内经济的需求,以及国内经济可持续性增长。对于中国这样一个对外贸易依存度高而且实行盯住汇率制的国家,就容易引发一场自我实现的货币危机。事实上,如果高利率对生产力的损害超过了真实工资下降所带来的补偿,通过货币政策传导的成本渠道,高利率会转换成产出的边际成本,最后会带来更高的通货膨胀。那么作为紧缩性货币政策的结果,最终也许并不能使通货膨胀下降,更有可能使经济衰退得更快,最后引发国内的金融危机甚至经济危机。

此外,对货币政策是否应该将资产价格纳入考虑范围存在两种截然不同的看法。一种观点认为,是中央银行不应将资产价格波动纳入货币政策反应函数,除非它影响到通货膨胀和产出。另一种观点则认为,中央银行在一开始就该要关注资产价格波动带来的金融失衡问题。实际上,通货膨胀影响了资产价格的实际回报率。中央银行应对资产价格予以关注并纳入货币政策的考虑范围。尽管中国房价高涨的原因很复杂,和货币政策没有很多直接联系。中国的房地产市场发展不仅没有起到财富效应的作用,而且对实体经济产生了较大的损害,减少了消费。但考虑到中国的国情,不将其纳入货币政策的反应函数也是不可能的。因为由银行贷款融资支持的中国房地产市场一旦出现大幅下跌,就会显著增加银行的信贷风险,危及金融稳定。

二、资本管制

在中国现有的汇率体系下,严格限制资本自由流动的制度安排可以将相对稳定的汇率制度与某种程度上的货币独立性协调起来,但却要为严格的资本管制付出巨大的代价。

中央银行承诺使用政策工具来维持一个稳定的名义汇率。这种承诺要求中央银行随时准备进行本币与外汇的买卖以维持汇率稳定。盯住汇率制或固定汇率制作为一种可信的反通货膨胀的承诺机制可能在刚开始时能达到稳定作用,但这样会产生一个陷阱,最终会对整个经济造成巨大的福利损失。政府承诺的履行与否依赖于经济状态,当高利率最终使经济状况恶化时,就会发生资本外流。当外汇储备预期将要降至零,投机者认为中央银行的货币政策不能维持汇率稳定,保卫人民币的能力有限,金融部门存也在问题,就会发动对人民币的投机性攻击。一旦遭受攻击,其他货币投资者博弈的结果也是资本抽逃。投机者会用自有或者借入的本国货币换成外汇,获得国外资产,并一直持有到中央银行的外汇储备耗尽。如果政府的保卫政策无效,那么人民币汇率就可能岌岌可危,最后中央银行不得不宣布实行浮动汇率制,让人民币贬值并自由浮动。投机者在国内借入的货币仍需支付本金和利息,但既然本国货币已经贬值,投机者只需支付少量外汇即可偿还债务,而且可以在国内和国外市场上两方都获利。

根据 IMF 的归纳,中国属于资本项目严格管制国家。可事实上,和亚洲金融危机时相比,实际开放程度比外界认为的要大很多。在资本账户未开放的情况下，国际金融资本通过贸易项下的进出口伪报，混在 FDI 中等隐性渠道进入内地市场，分享中国经济高速增长与人民币升值预期所带来的高回报。国际金融资本持续大规模的流入，使中央银行宏观调控难以收到应有的效果，对利率、汇率、货币政策等经济变量产生了重大影响，通货膨胀继续攀升，再加上日益增加的非法地下资本流动，如地下钱庄的洗钱活动，国际资本的进出已没有很多障碍。投机者可以影响国内的人民币汇率，通过离岸的人民币衍生证券市场，如在中国香港和新加坡的人民币无本金交割远期外汇交易（NDF），芝加哥商品交易所的人民币期货和期权交易，利用中美利差进行对冲来套利和投机。

三、人民币汇率制度

实际上，为维持汇率稳定只能以自我强化式的产出减少为代价，会起到抑制投资的作用。因此，中国现在的汇率制度能否持续，取决于货币政策的可信度。投机者若不攻击它就得以维持。提高利率不能捍卫汇率稳定，只能延迟危机，没有发生攻击时可以起作用，在危机到来时反而起相反的作用。当然，中央银行捍卫汇率稳定的策略并不只有提高短期利率这一个办法，其他还可以采取的办法还有：放宽汇率波动区间；通过市场交易干预来稳定汇率；随机的干预汇率市场（Chamley，2003）。

当前人民币的汇率机制需要继续完善，在现行汇率制度下维持人民币汇率稳定的成本已经十分巨大。以往研究认为，当且仅当外汇储备达到临界值并丧失了借贷能力时，中央银行才应该放弃固定汇率制或盯住汇率制。但最新的研究则认为，被动的放弃是次优的，当没有退出成本时，应该立即退出。在政府的财政支出迅速增加并不得不用铸币税来融资时，并存在退出成本时如产出损失及维持金融体系稳定的经济和社会成本等，最优退出时间将是财政冲击大小的减函数，即财政冲击越小，最优退出时间越长（Rebelo and Végh，2008）。因此，在退出成本不大并且外汇储备充足时是中央银行放弃固定汇率制的最佳时机。

货币政策既不足以纠正中国的贸易失衡问题,也无法有效应对国内外的真实和名义冲击(Zhang and Wan,2008)。美国需求增长放缓,对整个东亚经济有负面影响。如果中国发生货币危机,通过人民币汇率波动的溢出,按照中国和东亚地区经济的联系程度和经济基础的条件相关系数,会使危机沿中国香港、中国台湾、韩国、菲律宾、新加坡、印度尼西亚、马来西亚的途径在亚洲地区传播,引发整个地区的金融危机和经济危机。

当前中国的货币政策面临着多重困境:低效和刚性的存款准备金率变动和债券市场的缺乏使公开市场操作效果并不显著;间接调控工具因货币政策传导存在时滞而且传导渠道的低质量而很难达到预期效果;继续提高利率或保持不变会给本来已经有很多隐患的银行体系造成更大的损害,使经济增长停滞和衰退甚至引发货币和金融危机;但不提高利率又无法稳定币值;如果降低利率和美国及世界利率保持一致又会加剧本来就已经严重的通货膨胀,陷入流动性陷阱,资本外流,使社会不稳定因素增加;巨额外汇储备使货币供给无法有效控制;国际经验和教训也表明,在不发达的金融市场和制度下,过快地从盯住汇率制或有管理的浮动汇率制向完全的浮动汇率制转换是非常危险的;即使实行浮动汇率制,对经济的影响也无法准确估计,大量的进出口企业也没有准备和能力来对冲国际贸易中的汇率风险;在目前全球经济复苏前景并不明朗的外部约束下,利用人民币贬值来增加出口和刺激经济增长只会兴起贸易保护主义,同样会对中国经济造成不利影响。

结　　论

在主流经济学的分析范式里,政策的制定者通常被认为是一个仁慈的社会计划制订者,以社会福利最大化为目标,并采取各种手段纠正市场失灵,重建分配效率。但现实中的货币政策不是由经济学家执行,而是由政治家决定。政治是各方面利益得失的权衡,政治家所追求的是稳定、增长和分配。站在政府的角度,中国由于经济产业结构调整和社会转型,不可避免地会冲击社会、经济、道德与老百姓日常生活秩序等。鉴于中国金融体系的脆弱性,要维持经济稳定和国家安全,中国货币政策的目标必然是中央银行对各方面得失的政治—经济权衡的结果。

目前货币政策在全球金融危机后世界利率再次将下调至零利率下限的预期下,全球经济复苏仍不强劲。现有的汇率制度也限制了中国经济应对内部和外部冲击的能力,使中央银行丧失了国内货币政策的独立性。为本国公民的经济福利担负义务的中央银行,应该尽可能地保留对货币政策的主权和控制权,以便按照国内政策偏好来制定利率。

货币制度决定了宏观经济的易变性。金融部门中的最终信用提供者,也就是中央银行大致决定了在信用经济中的名义和实际利率。一个设计正确的利率体系能实现很多政策目标,包括保持汇率稳定。由于浮动汇率制能减少本国经济应对外部冲击的脆弱性和降低外部危机的可能性,而且实现的成本相对较低。因此,更为可行的合理货币政策规则,应该是通过逐渐放宽汇率波动区间和随机干预相结合的办法,来有步骤地实现浮动汇率制,并将实际利率维持在一个较低但仍为正的水平上。

所有的理论和实证都揭示,假设货币政策完全有效是不现实的,货币政策也不是万能的。货币政策最有效的用途反而在于作为一种稳定工具,而不是成为调节经济远离通胀和通缩的油门。货币政策是比较间接地影响企业和私人部门,金融中介反而在其中发挥着核心作用:中央银行的货币政策工具改变金融中介机构与金融市场的预期和行为。一个被压抑的金融体系往往是导致货币政策低效率的关键原因。使用多种政策和工具来治理通胀、通缩,如缩小城乡、地区、行业差距,扭转收入分配不公和贫富两极分化扩大的趋势,改进制度质量,机会均等地提供公共产品和服务,放松管制与垄断,矫正要素价格扭曲,深化金融体制改革,勉励微观经济主体的活力并改善生产者的激励约束条件,摒弃为出口而出口的重商主义倾向。最重要的是,全方位、系统性地提升劳动生产率和全要素生产率,既可以与经济增长、充分就业、国际收支平衡等其他目标相兼容并达到动态最优,也不必以牺牲其他目标为代价。无论如何,没有植根于制度、科技创新驱动的生产率的递增和革命,货币无法高效羽化为资本,因教育、医疗、社保等匮乏而不能积累的大量高素质的劳动力或人力资本,经济发展就无从谈起。

参 考 文 献

[1] 阿伦·德雷泽:《宏观经济学中的政治经济学》,经济科学出版社 2003 年版。

[2] 安强身:《金融漏损、效率修正与"反哺效应"——中国转轨经济金融低效率与经济增长研究的新视角》,载于《财经研究》2008 年第 4 期。

[3] 包群、阳佳余:《金融发展影响了中国工业制成品出口的比较优势吗》,载于《世界经济》2006 年第 3 期。

[4] 本杰明·M. 弗里德曼、弗兰克·H. 哈恩:《货币经济学手册》(第 1,2 卷),经济科学出版社 2002 年版。

[5] 布鲁斯·砍普、斯科特·弗里曼:《构建货币经济学模型》(第二版),中国金融出版社 2004 年版。

[6] 蔡昉、都阳、高文书:《就业弹性、自然失业和宏观经济政策——为什么经济增长没有带来显性就业?》,载于《经济研究》2004 年第 9 期。

[7] 蔡昉、王美艳:《中国城镇劳动参与率的变化及其政策含义》,载于《中国社会科学》2004 年第 4 期。

[8] 蔡昉:《中国劳动力市场发育与就业变化》,载于《经济研究》2007 年第 7 期。

[9] 蔡昉:《新古典经济学思维与中国现实的差距——兼论中国特色经济学的创建》,载于《经济学动态》2010 年第 2 期。

[10] 陈斌开、杨依山、许伟:《中国城镇居民劳动收入差距演变及其原因:1990—2005》,载于《经济研究》2009 年第 12 期。

[11] 陈斌开、张鹏飞、杨汝岱：《政府教育投入、人力资本投资与中国城乡收入差距》，载于《管理世界》2010年第1期。

[12] 陈春良、易君健：《收入差距与刑事犯罪：基于中国省级面板数据的经验研究》，载于《世界经济》2009年第1期。

[13] 陈利平：《通货膨胀福利成本与消费攀比》，载于《经济学（季刊）》2003年第3期。

[14] 陈利平：《通货膨胀目标制并不能解决我国货币政策低效率问题——一个基于政策时滞和扰动冲击的研究》，载于《经济学（季刊）》2007年第4期。

[15] 陈容：《人民币均衡实际汇率失调程度分析》，载于《统计与决策》2007年第2期。

[16] 陈彦斌、马莉莉：《中国通货膨胀的福利成本研究》，载于《经济研究》2007年第4期。

[17] 陈彦斌：《中国新凯恩斯菲利普斯曲线研究》，载于《经济研究》2008年第12期。

[18] 崔光庆、王景武：《中国区域金融差异与政府行为》，载于《金融研究》2006年第6期。

[19] 戴金平、金永军、陈柳钦：《货币政策的产业效应分析——基于中国货币政策的实证研究》，载于《上海财经大学学报》2005年第4期。

[20] 戴金平、金永军：《货币政策的行业非对称效应》，载于《世界经济》2006年第7期。

[21] 段先盛：《收入分配对总消费影响的结构分析——兼对中国城镇家庭的实证检验》，载于《数量经济技术经济研究》2009年第2期。

[22] 范志勇：《中国通货膨胀是工资成本推动型吗？——基于超额工资增长率的实证研究》，载于《经济研究》2008年第8期。

[23] 范祚军：《货币政策区域性操作：理论与实证》，载于《中南财经政法大学学报》2007年第5期。

[24] 范祚军、关伟：《差别化区域金融调控的一个分区办法——基

于系统聚类分析方法的运用》，载于《管理世界》2008年第4期。

［25］方先明、裴平、张谊浩：《外汇储备增加的通货膨胀效应货币冲销政策的有效性——基于中国统计数据的实证检验》，载于《金融研究》2006年第7期。

［26］封福育：《名义利率与通货膨胀：对我国"费雪效应"的再检验》，载于《数量经济技术经济研究》2009年第1期。

［27］耿识博、谢士强、董军：《货币政策区域不对称效应》，载于《金融研究》2005年第7期。

［28］龚六堂、邹恒甫、海云：《通货膨胀与社会福利损失》，载于《财经问题研究》2005年第8期。

［29］富兰克林·艾伦、道格拉斯·盖尔：《比较金融系统》，中国人民大学出版社2002年版。

［30］弗雷德里克·S·米什金：《货币金融学》（第7版），中国人民大学出版社2007年版。

［31］关志雄：《通货膨胀与汇率升值并存的分析——人民币对内贬值和对外升值的原因》，载于《世界经济研究》2008年第6期。

［32］贺力平、樊纲、胡嘉妮：《消费价格指数与生产者价格指数：谁带动谁》，载于《经济研究》2008年第11期。

［33］贺庆春、宋健：《货币错配对我国货币政策影响的实证研究》，载于《数量经济技术经济研究》2009年第2期。

［34］胡奕明、林文雄、李思琦、谢诗蕾：《大贷款人角色：我国银行具有监督作用吗?》，载于《经济研究》2008年第10期。

［35］胡永刚、刘方：《劳动调整成本、流动性约束与中国经济波动》，载于《经济研究》2007年第10期。

［36］黄健柏、刘维臻：《金融发展、资本深化与新型工业化道路》，载于《金融研究》2008年第2期。

［37］黄季焜、杨军、仇焕广、徐志刚：《本轮粮食价格的大起大落：主要原因及未来走势》，载于《管理世界》2009年第1期。

[38] 黄少安、赵建：《转轨失衡与经济的短期和长期增长：一个寻租模型》，载于《经济研究》2009 年第 12 期。

[39] 黄新飞、舒元：《基于 VAR 模型的 FDI 与中国通货膨胀的经验分析》，载于《世界经济》2007 年第 10 期。

[40] 滑冬玲：《转轨国家制度与金融自由化关系的实证研究》，载于《金融研究》2006 年第 1 期。

[41] 贾恩卡洛·甘道尔夫：《国际金融与开放的宏观经济学》，上海财经大学出版社 2006 年版。

[42] 焦瑾璞、孙天琦、刘向耘：《货币政策执行效果的地区差别分析》，载于《金融研究》2006 年第 3 期。

[43] 卡尔·E·沃什：《货币理论与政策》，上海财经大学出版社 2004 年版。

[44] 克拉克：《政治经济学——比较的观点》，经济科学出版社 2001 年版。

[45] 孔丹、Bienvenido. Corte、秦大忠：《中国货币政策省际效果的实证分析：1980～2004》，载于《金融研究》2007 年第 12 期。

[46] 赖国胜、田永坡：《对中国知识失业成因的一个解释》，载于《经济研究》2005 年第 11 期。

[47] 劳伦斯·H. 怀特：《货币制度理论》，中国人民大学出版社 2004 年版。

[48] 李敬、冉光和、万广华：《中国区域金融发展差异的解释——基于劳动分工理论与 Shapley 值分解方法》，载于《经济研究》2007 年第 5 期。

[49] 李明、潘春阳、苏晓馨：《市场演进、职业分层与居民政治态度》，载于《管理世界》2010 年第 2 期。

[50] 李锐、朱喜：《农户金融抑制及其福利损失的计量分析》，载于《经济研究》2007 年第 2 期。

[51] 李勇、孙晓霞、陈景耀、韩向荣：《关于完善农村金融制度加大对三农金融支持若干问题的思考》，载于《金融研究》2005 年第 11 期。

[52] 林伯强、牟敦国：《能源价格对宏观经济的影响——基于可计算一般均衡（CGE）的分析》，载于《经济研究》2008年第11期。

[53] 林毅夫、孙希芳：《银行业结构与经济增长》，载于《经济研究》2008年第9期。

[54] 林毅夫、余淼杰：《我国价格剪刀差的政治经济学分析：理论模型与计量实证》，载于《经济研究》2009年第1期。

[55] 林细细、龚六堂：《中国债务的福利损失》，载于《经济研究》2007年第1期。

[56] 刘福毅、邹东海：《从金融抑制政策导向型金融深化：农民增收的金融支持研究》，载于《金融研究》2004年第12期。

[57] 刘弘、姜国麟：《我国通货膨胀成因解释的理论模型选择与实证研究》，载于《数量经济技术经济研究》2009年第1期。

[58] 刘金全、张鹤：《我国经济中托宾效应和反托宾效应的实证检验》，载于《管理世界》2004年第5期。

[59] 刘金全、金春雨、郑挺国：《我国通货膨胀率动态波动路径的结构性转变特征与统计检验》，载于《中国管理科学》2006年第1期。

[60] 刘金全、郑挺国、隋建利：《我国通货膨胀率均值过程和波动过程中的双长记忆性度量与统计检验》，载于《管理世界》2007年第7期。

[61] 刘文忻、杜凤莲：《失业与中国城镇人口收入差距》，载于《经济评论》2008年第1期。

[62] 刘晓辉、范从来：《人民币最优汇率制度弹性的理论模型与经验估计：基于价格稳定视角的研究》，载于《世界经济》2009年第2期。

[63] 龙海明、柳沙玲：《多重均衡条件下农村正规金融发展与经济增长的关系——基于中国省际数据的实证分析》，载于《金融研究》2008年第6期。

[64] 娄峰、李雪松：《中国城镇居民消费需求的动态实证分析》，载于《中国社会科学》2009年第2期。

[65] 卢峰、姚洋：《金融压抑下的法治、金融发展和经济增长》，载

于《中国社会科学》2004年第11期。

[66] 卢锋、韩晓亚：《长期经济成长与实际汇率演变》，载于《经济研究》2006年第7期。

[67] 卢盛荣、李文薄：《中国地区间货币政策效应双重非对称效应研究》，载于《数量经济技术经济研究》2009年第2期。

[68] 陆益龙：《户口还起作用吗——户籍制度与社会分层和流动》，载于《中国社会科学》2008年第1期。

[69] 罗楚亮：《经济转型、非正规就业与城镇增长的穷人收益性》，载于《管理世界》2008年第10期。

[70] 马丁·舒贝克：《货币和金融机构理论》（第1，2卷），上海人民出版社2006年版。

[71] 马正兵：《中国金融发展的经济增长效应与路径分析》，载于《经济评论》2008年第3期。

[72] Maurice Obstfeld，Kenneth Rogoff：《高级国际金融学教程》，中国金融出版社2002年版。

[73] 彭方平、展凯、李琴：《流动性过剩与央行货币政策有效性》，载于《管理世界》2008年第5期。

[74] 皮埃尔·理查德·阿根诺、彼得·J.蒙蒂尔：《发展宏观经济学》，北京大学出版社2004年版。

[75] 卜永祥：《人民币升值压力与货币政策：基于货币模型的实证分析》，载于《经济研究》2008年第9期。

[76] 让-雅克·拉丰、让·梯若尔：《政府采购与规制中的激励理论》，上海人民出版社2004年版。

[77] 史龙祥、马宇：《金融发展对中国制造业出口结构优化影响的实证分析》，载于《世界经济研究》2008年第3期。

[78] 苏士儒、段成东、李文靖、姚景超：《从非正规金融发展看我国农村金融体系的重构——以宁夏盐池县、中宁县、同心县为例》，载于《金融研究》2005年第12期。

[79] 孙力军：《金融发展、FDI 与经济增长》，载于《数量经济技术经济研究》2008 年第 1 期。

[80] 萨诺、泰勒：《汇率经济学》，西南财经大学出版社 2006 年版。

[81] 斯蒂芬·J. 托洛维斯基：《宏观经济动态学方法》（第二版），上海财经大学出版社 2002 年版。

[82] 斯蒂芬·J. 托洛维斯基：《国际宏观经济动态学》，上海财经大学出版社 2002 年版。

[83] 盛松成、吴培新：《中国货币政策的二元传导机制——"两中介目标，两调控对象"模式研究》，载于《经济研究》2008 年第 10 期。

[84] 施建淮、余海丰：《人民币均衡汇率与汇率失调：1991～2004》，载于《经济研究》2005 年第 4 期。

[85] 施建淮、傅雄广、许伟：《人民币汇率变动对我国价格水平的传递》，载于《经济研究》2008 年第 10 期。

[86] 宋旺、钟正生：《中国货币政策区域效应的存在性及原因——基于最优货币区理论的分析》，载于《经济研究》2006 年第 3 期。

[87] 谭旭东：《中国货币政策的有效性问题——基于政策时间不一致性的分析》，载于《经济研究》2008 年第 9 期。

[88] 唐翔：《"富人社区效应"还是巴拉萨－萨缪尔森效应——一个基于外生收入的实际汇率理论》，载于《经济研究》2008 年第 5 期。

[89] 托马斯·S. Y. 霍、李尚斌：《金融建模——应用于资本市场、公司金融、风险管理与金融机构》，上海财经大学出版社 2007 年版。

[90] 万晓莉、霍德明、陈斌开：《中国货币需求长期是否稳定？》，载于《经济研究》2010 年第 1 期。

[91] 王纪全、张晓燕、刘全胜：《中国金融资源的地区分布及其对区域经济增长的影响》，载于《金融研究》2007 年第 6 期。

[92] 王剑、刘玄：《货币政策传导的行业效应研究》，载于《财经研究》2005 年第 5 期。

[93] 王晋斌：《金融控制政策下的金融发展与经济增长》，载于《经

济研究》2007年第10期。

[94] 王君斌、王文甫：《非完全竞争市场、技术冲击和中国劳动就业》，载于《管理世界》2010年第1期。

[95] 王满仓、白永秀、杨二宝：《西部金融体系发展与经济增长——以陕西省为例的实证分析》，载于《管理世界》2005年第7期。

[96] 王琼、曹伟：《汇率变动对我国进口产品价格的传递效应——基于细分商品层面的分析》，载于《世界经济研究》2008年第7期。

[97] 王少平、欧阳志刚：《我国城乡收入差距的度量及其对经济增长的效应》，载于《经济研究》2007年第10期。

[98] 王小鲁、樊纲、刘鹏：《中国经济增长方式转换和增长可持续性》，载于《经济研究》2009年第1期。

[99] 汪洋：《铸币税：基于不同视角的理解》，载于《经济学（季刊）》2005年第3期。

[100] 吴汉洪、崔永：《中国的铸币税与通货膨胀：1952~2004》，载于《经济研究》2006年第9期。

[101] 谢平、罗雄：《泰勒规则及其在中国货币政策中的检验》，载于《经济研究》2002年第3期。

[102] 辛珣、唐志道、金丽红：《宏观调控背景下江西金融资源配置研究》，载于《金融研究》2005年第5期。

[103] 邢春冰：《农民工与城镇职工的收入差距》，载于《管理世界》2008年第5期。

[104] 熊鹏、王飞：《中国金融发展对经济增长内在传导渠道研究——基于内生增长理论的实证比较》，载于《财经研究》2007年第12期。

[105] 徐涛：《中国货币政策的行业效应分析》，载于《世界经济》2007年第2期。

[106] 伊藤·诚、考斯达斯·拉帕维查斯：《货币金融政治经济学》，经济科学出版社2001年版。

[107] 仰炬、王新奎、耿洪洲：《我国粮食市场政府管制有效性：基

于小麦的实证研究》，载于《经济研究》2009 年第 1 期。

[108] 杨春学、谢志刚：《国际金融危机与凯恩斯主义》，载于《经济研究》2009 年第 11 期。

[109] 杨继生：《通胀预期、流动性过剩与中国通货膨胀的动态性质》，载于《经济研究》2009 年第 1 期。

[110] 杨丽萍、陈松林、王红：《货币供应量—银行信贷与通货膨胀的动态关系研究》，载于《管理世界》2008 年第 6 期。

[111] 杨胜刚、朱红：《中部塌陷、金融弱化与中部崛起的金融支持》，载于《经济研究》2007 年第 5 期。

[112] 杨子晖：《财政政策与货币政策对私人投资的影响研究——基于有向无环图的应用分析》，载于《经济研究》2008 年第 5 期。

[113] 叶康涛、祝继高：《银根紧缩与信贷资源配置》，载于《管理世界》2009 年第 1 期。

[114] 易纲、宋旺：《中国金融资产结构演进：1991—2007》，载于《经济研究》2008 年第 8 期。

[115] 于则：《我国货币政策的区域效应分析》，载于《管理世界》2006 年第 2 期。

[116] 于泽：《我国 M2 顺周期性的原因分析》，载于《管理世界》2008 年第 12 期。

[117] 余明桂、潘红波：《政治关系、制度环境和民营企业贷款》，载于《管理世界》2008 年第 8 期。

[118] 约翰·Y. 坎贝尔、安德鲁·W. 罗、艾·克雷格·麦金雷：《金融市场计量经济学》，上海财经大学出版 2003 年版。

[119] 约翰·史密斯：《货币经济学前沿：论争与反思》（修订版），上海财经大学出版社 2004 年版。

[120] 曾康霖：《试论我国金融资源的配置》，载于《金融研究》2005 年第 4 期。

[121] 曾湘全、于泳：《中国自然失业率的测量与解析》，载于《中

国社会科学》2006 年第 4 期。

[122] 张成思：《中国通胀惯性特征与货币政策启示》，载于《经济研究》2008 年第 2 期。

[123] 张鹤、张代强、姚远、张鹏：《货币政策透明度与反通货膨胀》，载于《经济研究》2009 年第 7 期。

[124] 张健华、张怀清：《人民银行铸币税的测算和运用：1986—2008》，载于《经济研究》2009 年第 7 期。

[125] 张杰：《市场化与金融控制的两难困局：解读新一轮国有银行改革的绩效》，载于《管理世界》2008 年第 11 期。

[126] 张晶：《我国货币财政政策存在区域效应的实证分析》，载于《数量经济技术经济研究》2006 年第 8 期。

[127] 张屹山、张代强：《前瞻性货币政策反应函数在中国货币政策中的检验》，载于《经济研究》2007 年第 3 期。

[128] 张岐山、张代强：《包含货币因素的利率规则及其在我国的实证检验》，载于《经济研究》2008 年第 9 期。

[129] 张岐山、张代强：《我国通货膨胀率波动路径的非线性状态转换》，载于《管理世界》2008 年第 12 期。

[130] 张学毅、孙静：《汇率波动与经济增长的关系——基于实际有效汇率的分析》，载于《中南财经政法大学学报》2006 年第 6 期。

[131] 张企元：《区域差距与区域金融调控》，载于《金融研究》2006 年第 3 期。

[132] 张晓晶：《主流宏观经济学的危机与未来》，载于《经济学动态》2009 年第 12 期。

[133] 赵进文、闵捷：《央行货币政策操作效果非对称性实证研究》，载于《经济研究》2005 年第 2 期。

[134] 赵进文、黄彦：《中国货币政策与通货膨胀关系的模型实证研究》，载于《中国社会科学》2006 年第 2 期。

[135] 赵进文、高辉：《资产价格波动对中国货币政策的影响——基

于 1994—2006 年季度数据的实证分析》，载于《中国社会科学》2009 年第 1 期。

[136] 赵志华、贺光明、杨海平：《内蒙古地区金融效率及其对经济增长支持的实证研究》，载于《金融研究》2006 年第 6 期。

[137] 郑挺国、刘金全：《我国货币——产出非对称影响关系的实证研究》，载于《经济研究》2008 年第 1 期。

[138] 中国经济增长与宏观稳定课题组：《金融发展与经济增长：从动员性扩张向市场配置的转变》，载于《经济研究》2007 年第 4 期。

[139] 中国人民银行成都分行金融研究处课题组：《金融资源区域性配置的失衡性研究——四川与东部部分省市金融增长的比较分析》，载于《金融研究》2004 年第 9 期。

[140] 中国人民银行武汉分行课题组：《关于金融支持湖北农民增收问题的调查与思考》，载于《金融研究》2005 年第 7 期。

[141] 中国人民银行银川中心支行课题组：《区域经济增长的不平衡与金融资源分布之间的关系——以宁夏为例》，载于《金融研究》2007 年第 10 期。

[142] 中国银行业监督管理委员会湖北监管局课题组：《湖北经济金融协调发展问题研究》，载于《金融研究》2006 年第 3 期。

[143] 中国经济增长与宏观稳定课题组：《外部冲击与中国的通货膨胀》，载于《经济研究》2008 年第 5 期。

[144] 周好文、钟永红：《中国金融中介发展与地区经济增长：多变量 VAR 系统分析》，载于《金融研究》2006 年第 6 期。

[145] 周晖、王擎：《货币政策与资产价格波动：理论模型与中国的经验分析》，载于《经济研究》2009 年第 10 期。

[146] 周黎安：《中国地方官员的晋升锦标赛模式研究》，载于《经济研究》2007 年第 7 期。

[147] 周开国、李涛、何兴强：《什么决定了中国商业银行的净利差?》，载于《经济研究》2008 年第 8 期。

[148] 朱路、于李娜：《有效汇率波动对国内价格的传递效应研究》，载于《世界经济研究》2008 年第 6 期。

[149] 朱玲：《论全球性食品和能源危机的应对策略》，载于《经济研究》2008 年第 9 期。

[150] 朱玲：《农村迁移工人的劳动时间和职业健康》，载于《中国社会科学》2009 年第 1 期。

[151] Abiad, A., Oomes, N., Ueda, K., 2008. The quality effect: Does financial liberalization improve the allocation of capital? Journal of Development Economics, 87 (1): 270 – 282.

[152] Acemogl, D. et al., 2008. Markets versus governments. Journal of Monetary Economics, 55 (1): 159 – 189.

[153] Adrian, T., Estrella, A., 2008. Monetary tightening cycles and the predictability of economic activity. Economics Letters, 99: 260 – 264.

[154] Aguiar, A., Ribeiro, A. P., 2009. Monetary policy and the transition costs of a labor market reform. Journal of Macroeconomics doi: 10.1016/j.jmacro.2008.12.007.

[155] Aisen, A., Veiga, F. J., 2008. The political economy of seigniorage. Journal of Development Economics, 87 (1): 29 – 50.

[156] Aizenman. J., Glick, R., 2008. Pegged exchange rate regimes—A trap? Journal of Money, Credit and Banking, 40 (4): 817 – 834.

[157] Albanesi, S., 2007. Inflation and inequality. Journal of Monetary Economics, 54: 1088 – 1114.

[158] Allen, F., Qian, J., Qian, M., 2005. Law, finance, and economic growth in China. Journal of Financial Economics, 77 (1): 57 – 116.

[159] Arseneau, D. M., 2007. The inflation tax in an open economy with imperfect competition. Review of Economic Dynamics, 10: 126 – 147.

[160] Baak, S., 2008. The Bilateral Real Exchange Rates and Trade between China and the U.S. China Economic Review, 19 (1): 117 – 127.

[161] Ball, L., 1999. Policy rules for open economies. In: Taylor, M. (Ed.), Monetary policy Rules. University of Chicago Press, Chicago.

[162] Balassa, B., 1964. The purchasing power parity doctrine: A reappraisal. Journal of Political Economy, 72: 584 – 596.

[163] Baltagi, B. H. et al., 2008. Financial development and openness: Evidence from panel data. Journal of Development Economics doi: 10. 1016/ j. jdeveco, 2008. 06. 006.

[164] Baharumshah, A. Z. et al., 2009a. Stock prices and demand for money in China: New evidence. Journal of Internatioanl Financail Markets, Institutions & Money, 19 (2): 171 – 187.

[165] Baharumshah, A. Z. et al., 2009b. The stability of money demand in China: Evidencd from ARDL model. Economic Systems, 33 (1): 231 – 244.

[166] Barr, T., Roy, U., 2008. The effect of labor market monophony on economic growth. Journal of Macroeconomics, 30 (4): 1446 – 1467.

[167] Barth, M. J. I., Ramey, V. A., 2001. The cost channel of monetary transmission. In: Bernanke, B. S., Rogoff, K. S. (Eds.), NBER Macroeconomics Annual 2001. MIT Press, Cambridge, MA.

[168] Beck, T., Demirguc – Kunt, A., Levine, R., 2007. Finance inequality and the poor. Journal of Economical Growth, 12 (1): 27 – 49.

[169] Beck, T., Demirguc – Kunt, A., Laeven, L., Levine, R., 2008. Finance, firm size and growth. Journal of Money, Credit, and Banking, 40 (5): 1379 – 1405.

[170] Benigno, G., Benigno, P., 2008. Exchange rate determination under Interest Rate Rules. Journal of International Money and Finance, 27: 971 – 993.

[171] Berger, A. Hasan, N., Zhou, I., 2009. Bank ownership and efficiency in China: What will happen in the world's largest nation? Journal of Banking & Finance, 33 (1): 113 – 130.

[172] Besley, T., 2007. The new political economy. The Economic Jour-

nal, 117: 570 – 587.

[173] Bhattacharya, J., 2005. The role of money in two alternative models: When is the Friedman rule optimal, and why? Journal of Monetary Economics, 52: 1401 – 1433.

[174] Bhattacharya, J., 2006. Sub-optimality of the Friedman rule in Townsend's turnpike and stochastic relocation models of money: Do finite lives and initial dates matter? Journal of Economic Dynamics & Control, 30: 879 – 897.

[175] Brito, R. D., Bystedt, B., 2010. Inflation targeting in emerging economies: Panel evidence. Journal of Development Economics, 91 (1): 198 – 210.

[176] Bruckner, M., Schabert, A., 2003. Supply-side effects of monetary policy and equilibrium multiplicity. Economic Letters, 79 (2): 205 – 211.

[177] Bordignon, M., Turati, G., 2009. Bailing out expectations and public health expenditure. Journal of Health Economics, 26 (2): 305 – 321.

[178] Botero, J. et al., 2004. The regulation of labor. Quarterly Journal of Economics, 119 (4): 1339 – 1382.

[179] Boubakri, N. et al., 2008. Political connections of newly privatized firms. Journal of Corporate Finance, 14 (2): 654 – 673.

[180] Braun, M. Rassatz, C., 2008. The politics of financial development: Evidence from Trade Liberalization. Journal of Finance, 63 (3): 1469 – 1508.

[181] Bullard, J. et al., 2008. Monetary policy, judgment, and near-rational exuberance. American Economic Review, 98 (3): 1163 – 1177.

[182] Callander, S., 2008. Political motivations. Review of Economic Studies, 75 (3): 671 – 697.

[183] Calvo, G. A., Reinhart, C. M., 2002. Fear of floating. Quarterly Journal of Economics, 117: 379 – 408.

[184] Caporale, G. M., Cipollini, A., Demetriaes, P. O., 2005. Monetary policy and exchange rate during the Asian crisis: Identification through het-

eroscedasticity. Journal of International Money and Finance, 24 (1): 39 –53.

[185] Caporale, B., Caporal, T., 2008. Political regimes and the cost of disinflation. Journal of Money, Credit and Banking, 40 (6): 1541 –1554.

[186] Cassel, G., 1918. Abnormal deviations in international exchanges. Economic Journal, 28: 413 –415.

[187] Castle, J. L., Hendry, D. F., 2009. The long-run determinants of UK wages, 1860 –2004. Journal of Macroeconomics, 31 (1): 5 –28.

[188] Chamley, C., 2003. Dynamic speculative attacks. American Economic Review, 93 (2): 603 –621.

[189] Charles K. K., Guryan, J., 2008. Prejudice and wages: An empirical assessment of Becker's The Economics of Discrimination. Journal of Political Economy, 116 (5): 773 –809.

[190] Chari, A., Gupta, N., 2008. Incumbents and protectionism: The political economy of foreign entry liberalization. Journal of Financial Economics, 88 (2): 633 –656.

[191] Chey, H., 2009. A Political Economic Critique on the Theory of Optimum Currency Areas, and the Implications for East Asia The World Economy doi: 10.1111/j.1467 –9701.2009.01200.x.

[192] Christopher P. Chambers. 2009. An axiomatic theory of political representation. Journal of Economic Theory, 144 (1): 375 –389.

[193] Chen, B. et al., 2008. Inflation and growth: Impatience and a qualitative equivalence. Journal of Money, Credit and Banking, 40 (6): 1309 –1323.

[194] Chong, A., Gradstein, M., 2007. Inequality and institutions. The Review of Economics and Statistics, 89 (3): 454 –465.

[195] Chowdhury, I., Hoffmann, M., Schabert, A., 2006. Inflation dynamics and the cost channel of monetary transmission. European Economic Review, 50 (4): 995 –1016.

[196] Christiano, L., Eichenbaum, M., Evans, C. L., 2005. Nominal rigidities and the dynamic effects of a shock to monetary policy. Journal of Political Economy, 113 (1): 1 -45.

[197] Christian, R. Ahlin, P. Pang J., 2008. Are Financial Development and Corruption Control Substitutes in Promoting Growth? Journal of Development Economics, 86 (2): 414 -433.

[198] Claessens, S., Peroti, E., 2007. Finance and inequality: Channels and evidence. Journal of Comparative Economics, 35 (3): 748 -773.

[199] Clarida, R., Gali, J., Gertler, M., 1998. Monetary policy in practice - Some international evidence. European Economic Review, 42: 1033 -1067.

[200] Clarida, R., Gali, J., Gertler, M., 2002. A simple framework for international monetary policy analysis. Journal of Monetary Economics, 49: 879 -904.

[201] Correia, I., 2008. Optimal Fiscal and Monetary Policy: Equivalence Results. Journal of Political Economy, 116 (1): 141 -170.

[202] Cogley, T., Sbordone, A. M., 2008. Trend inflation, indexation, and inflation persistence. American Economic Review, 98 (5): 2101 -2126.

[203] Corbae, D. et al., 2008. Politico-economic consequences of rising wage inequality. Journal of Monetary Economics doi: 10.1016/j.jmoneco.2008.08.012.

[204] Crowe, C., Meade, E. E., 2008. Central bank independence and transparency: Evolution and effectiveness. European Journal of Political Economy, 24: 763 -777.

[205] Cuadra, G., Sapriza, H., 2008. Sovereign default, interest rates and political uncertainty in emerging markets. Journal of International Economics, 76 (1): 78 -88.

[206] Cukierman, A., 2008. Central bank independence and monetary

policymaking institutions-past, present and future. European Journal of Political Economy, 24: 722 -736.

[207] Cysne, R. P. et al., 2005. Inflation and income inequality: A shopping-time approach. Journal of Development Economics, 78: 516 -528.

[208] Dekle, R. et al., 2001, Interest Rate Stabilization of Exchange Rates and Contagion in the East Asian Countries, In: Glick, R., Moreno, r., Spiegel, M. (Eds), Financial Crisis in emerging Markets, Cambridge Univ. Press, Cambridge, UK.

[209] Devereux, M. B. et al., 2006. Exchange rates and monetary policy in emerging market economies. The Economic Journal, 116 (2): 478 -506.

[210] Do, Q. T., Levchenko, A. A., 2007. Comparative Advantage, Demand for External Finance, and Financial Development. Journal of Financial Economics, 86 (3): 796 -834.

[211] Do, Q. T., Levchenko, A. A., 2009. Trade, inequality, and the political economy of institutions. Journal of Economic Theory doi: 10.1016/j.jet.2008.11.007.

[212] Drazen, A., Hubrich, S., 2006. A simple test of interest rate defense. Journal of the Japanese and International Economies, 20: 612 -636.

[213] Dreher, A., Vaubel, R., 2009. Foreign exchange intervention and the political business cycle: a panel data analysis. Journal of International Money and Finance doi: 10.1016/j.jimonfin.2008.12.007.

[214] Dutu, R., 2008. Currency interdependence and dollarization. Journal of Macroeconomics, 30 (4): 1673 -1687.

[215] Elekdag, S., Tchakarov, I., 2007. Balance sheets, exchange rate policy, and welfare. Journal of Economics Dynamics & Control, 33: 3986 -4015.

[216] Eijffinger, S. C. W., Geraats, P. M., 2006. How are transparent are central banks? European Journal of Political Economy, 22 (1): 1 -21.

[217] Eijffinger, S. C. W. Hoeberichts, M. M., 2008. The trade-off between bank independence and conservatism in a new Keynesian framework. European Journal of Political Economy, 24: 742 - 747.

[218] Fan, C. S., 2009. Political decentralization and corruption: Evidence from around the world. Journal of Public Economics, 93 (1): 14 - 34.

[219] Federici, D., Caprioli, F., 2009. Financial development and growth: An empirical analysis. Economic Modeling 26: 285 - 294.

[220] Feldman, H., 2009. The unemployment effects of labor regulation around the world. Journal of Comparative Economics, 37 (1): 3 - 13.

[221] Ferri, G., 2009. Are new tigers supplanting old mammoths in China's banking system? Evidence from a sample of city commercial banks. Journal of Banking & Finance, 33 (1): 131 - 140.

[222] Fiess, N., Shankar, R., 2009. Determinants of exchange rate regime switching. Journal of International Money and Finance, 28 (1): 68 - 98.

[223] Flood, R. P., Jeanne, O., 2005. An interest defense of a fixed exchange rate? Journal of International Economics, 66: 471 - 484.

[224] Francis B. B. et al., 2009. Political connections and the process of going public: Evidence from China. Journal of International Money and Finance, doi: 10.1016/j.jimonfin.2009.01.002.

[225] Frankel, J., Schmukler, S. L., Serven, L., 2004. Global Transmission of Interest Rates: Monetary Independence and Currency regime. Journal of International Money and Finance, 23: 701 - 733.

[226] Frankel, J., 2006. On the Yuan The Choice between Adjustment under a fixed Exchange Rate and a flexible Exchange Rate. CESifo Studies, 52: 246 - 275.

[227] Friedman, M. 1969. The optimum quantity of money. In: The Optimum Quantity of Money and Other Essays. Aldine, Chicago.

[228] Frisell, L., 2009. A theory of self-fulfilling political expectations,

Journal of Public Economics doi: 10.1016/j. jpubeco. 2009. 01. 004.

[229] Fu, X. , Heffernan, S. , 2009. The effects of reform on China's bank structure and performance. Journal of Banking & Finance, 33 (1): 39 -52.

[230] Gaiotti, E. , Secchi, A. , 2006. Is there a cost channel of monetary policy transmission? An investigation into the pricing behaviour of 2000 firms. Journal of Money, Credit, and Banking, 38 (8): 2013 -2037.

[231] Gahvari, F. , 2007. The Friedman rule: Old and new. Journal of Monetary Economics, 54 (2): 581 -589.

[232] Gaiotti, E. , Secchi, A. , 2006. Is there a cost channel of monetary policy transmission? An investigation into the pricing behavior of 2000 firms. Journal of Money, Credit, and Banking, 38 (8): 2013 -2037.

[233] Gerogyopoulo, G. , Hejazi, W. , 2009. Financial structural and the heterogeneous impact of monetary policy across industries. Journal of Economics and Business, 61 (1): 1 -33.

[234] Gregori, T. , 2009. Currency crisis duration and interest defence. International Journal of Finance and Economics, 14 (2): 256 -267.

[235] Giles, J. et al. , 2005. What is China's true unemployment rate? China Economic Review, 16 (2): 149 -170.

[236] Glick, R. , Hutchison, M. , 2005. Capital Controls and Exchange Rate Instability in Developing Economies. Journal of International Money and Finance, 24: 387 -412.

[237] Giannoni, M. P. , Woodford, M. , 2002. Optimal interest-rate rule: Applications. NBER working paper, No. 9420.

[238] Giovanni, J, . Shambaugh, J. C. , 2008. The impact of foreign interest rates on the economy: The role of the exchange rate regime. Journal of International Economics, 74 (2): 341 -361.

[239] Goderis, B. , Ioannidou, V. P. , 2008. Do High Interest Rates Defend Currencies during Speculative Attacks? New evidence. Journal of Interna-

tional Economics, 74 (1): 158 – 169.

[240] Goldfajn, I., Gupta, P., 2003. Does Monetary Policy Stabilize the Exchange Rate Following a Currency Crises? IMF Staff Papers, 50: 90 – 114.

[241] Goodfriend, M., 2007. How the world achieved consensus on monetary policy. Journal of Economic Perspectives, 21 (4): 47 – 68.

[242] Granter, M., 2000. Political macroeconomics: a survey of recent developments. Journal of Economics Surveys, 14 (5): 513 – 526.

[243] Gregori, T., 2009. Currency crisis duration and interest rate defence. International Journal of Finance & Economics. 14: 256 – 267. Gregori, T., 2009.

[244] Gruner. H. P., Schils, R., 2007. The political economy of wealth and interest. The Economic Journal, 117: 1403 – 1422.

[245] Guariglia, A., Poncet, S., 2008. Could financial distortions be no impediment to economic growth after all? Evidence from China. Journal of Comparative Economics, 36 (2): 633 – 657.

[246] Guerrieri, V., 2008. Inefficient unemployment dynamics under asymmetric information. Journal of Political Economy, 116 (4): 667 – 708.

[247] Guo, Q., 2010. The Balassa – Samuelson Model of Purchasing Power Parity and Chinese Exchange Rates, China Economic Review, doi: 10. 1016/j. chieco. 2010. 02. 005.

[248] Guo, F., Huang, Y. S., 2010. Does "hot money" drive China's real estate and stock market? International Review of Economics and stock markets, 19 (2): 452 – 466.

[249] Harrod, R., 1933. International Economics. Economics and Statistics, 46: 145 – 154.

[250] Hagen, J., Zhou, J., 2007. The Choice of Exchange Rate Regimes in Developing Countries: A Multinomial Panel Analysis. Journal of International Money and Finance, 26: 1071 – 1094.

[251] Hamers, P., Kretschmann, M., 2009. Words, deeds and outcomes: A survey on the growth effects of exchange rate regimes. Journal of Economic Surveys, 23 (1): 139 – 164.

[252] Hansen, Z. H., Law, M. T., 2008. The political economy of truth-in-advertising regulation during the progressive era. Journal of Law and Economics, 51 (2): 251 – 269.

[253] Hao, C., 2006. Development of financial intermediation and economic growth: The Chinese experience. China Economic Review, 17 (2): 347 – 362.

[254] Hasan, M. S., 2006. A century of Purchasing Power Parity: evidence from Canada and Australia. Applied Financial Economics, 16: 145 – 156.

[255] Hasan, I., Wachtel, P., Zhou. M., 2009. Institutional development, financial deepening and economic growth: Evidence from China. Journal of Banking & Finance, 33 (1): 157 – 170.

[256] Hauner, D., 2009. Public debt and financial development. Journal of Development Economics, 86 (1): 173 – 183.

[257] Henzel, S. et al., 2009. The price puzzle revisited: Can the cost channel explain a rise in inflation after a monetary shock? Journal of Macroeconomics, 31 (2): 268 – 289.

[258] Ho, W. M., 2008. The welfare implications of foreign exchange intervention. Journal of International Money and Finance, 27: 1360 – 1382.

[259] Hoffmann, M., 2007. Fixed versus flexible exchange rates: Evidence from developing countries. Economica, 74: 425 – 449.

[260] Hülsewig, O. et al., 2009. Bank behavior, incomplete interest rate pass-through, and the cost channel of monetary policy transmission. Economic Modeling, 26 (6): 1310 – 1327.

[261] Hume, M., Sentence, A., 2009. The global credit boom: Challenges for macroeconomics and policy. Journal of Internatioanl Money and Fi-

nance, 18: 1426 – 1461.

[262] Hwang, W., 2007. Causality between inflation and real growth. Economics Letters, 94 (1): 146 – 153.

[263] Ize, A., 2007. Spending seigniorage: do central banks have a governance problem. IMF Staff Papers, 54 (3): 563 – 589.

[264] Irwin, D. A., 2008. Antebellum tariff politics: regional coalitions and shifting economic interests. Journal of Law and Economics, 51 (6): 715 – 741.

[265] Jia, C., 2009. The effect of ownership on the prudential behavior of banks: The case of China. Journal of Banking & Finance, 33 (1): 77 – 87.

[266] Jr, H. W. C. et al., 2008. Regional economic conditions and monetary policy. European Journal of Political Economy, 24 (2): 283 – 293.

[267] Johansson, A. C., 2009. Is U. S. money causing China's output? China Economic Review, 20 (4): 732 – 741.

[268] Kaufmann, S., Scharler, J., 2009. Financial systems and the cost channel transmission of monetary policy shocks. Economic Modeling, 26 (1): 40 – 46.

[269] Kimbrough, K. P., 2006. Revenue maximizing inflation. Journal of Monetary Economics, 53: 1967 – 1978.

[270] Klein, M. W., Shambaugh, J. C., 2008. The dynamics of Exchange Rate regimes: Fixes, Floats, and Flips. Journal of International Economics, 75: 70 – 92.

[271] Klomp, J., Haan, D. J., 2010. Do central bank laws reforms affect the term in office of central bank governors? Economic Letters, 106 (2): 219 – 222.

[272] Kim, J. K., Ratti, R. A., 2007. Economic Activity, Foreign Exchange Rate, and the Interest Rate during the Asian Crisis. Journal of Policy Modeling, 28: 307 – 402.

[273] Kimakova, A., 2008. The political economy of exchange rate regime

determination: theory and evidence. Economic Systems, 32 (2): 354 – 371.

[274] Koivu. T., 2009. Has Chinese economy become more sensitive to the interest rate? Studying credit demand in China China Economic Review, 20 (3): 455 – 470.

[275] Kraay, A., 2003. Do high interest rates defend currencies during speculative attacks? Journal of International Economics, 59: 297 – 321.

[276] Krugman, P., 2007. Who was Milton Friedman? New York Review of Books, 54 (February 15): 27 – 30.

[277] Kydland, F. E., Prescott, E. C., 1977. Rules rather than discretion: the inconsistency of option palns. Journal of Political Economy, 85 (3): 473 – 491.

[278] Lagos, R., 2010. Some results on the optimality and implementation of the Friedman rule in the Search Theory of Money, Journal of Economic Theory doi: 10. 1016/j. jet. 2009. 05. 010.

[279] Lahiri, A., Végh, C. A., 2003. Delaying the Inevitable: Interest Rate Defense and Balance of Payments Crises. Journal of Political Economy, 111: 404 – 424.

[280] Laurens, B. J., Maino, R., 2007. China: Strengthening monetary policy implementation. IMF Working Paper, 2007/07/14.

[281] Levy – Yeath, E., Sturzengger, F., 2003. To Float or to Fix: Evidence on the Impact of Exchange Rate Regimes on Growth. American Economic Review, 93: 1173 – 1194.

[282] Llosa, L., Tuesta, V., 2009. Learning about monetary policy rules when the cost channel matters, Journal of Economic Dynamics & Control, 33 (11): 1880 – 1896.

[283] Lin, S., Ye, H., 2007. Does inflation targeting really make a difference? Evaluating the treatment effect of inflation targeting in seven industrial countries. Journal of Monetary Economics, 54: 2521 – 2533.

[284] Lin, S., Ye, H., 2009. Does inflation targeting make a difference in developing countries? Journal of Development Economics, 89 (2009) 118 – 123.

[285] Lin, X., Zhang, Y., 2009. Bank ownership reform and bank performance in China. Journal of Banking & Finance, 33 (1): 20 – 29.

[286] Liang, Q., Teng, J. Z., 2006. Financial decelopment and economic growth: Evidence from China. China Economic Review, 17 (2): 395 – 411.

[287] Lothian, J. R., Taylor, M. P., 2008. Real exchange rates over the past two centuries: how important is the Harrod – Balassa – Samuelson effect? The Economic Journal, 118: 1742 – 1763.

[288] Liu. Z., Pappa. E., 2008. Gains from international monetary policy coordination-does it pay to be different? Journal of Economic Dynamics & Control, 32: 2085 – 2117.

[289] Lucas, J. 2000. Inflation and welfare. Econometrica, 68: 247 – 274.

[290] Masten, I., 2008. Optimal monetary policy with Balassa – Samuelson – Type productivity shocks. Journal of Comparative Economics, 36: 120 – 141.

[291] Masten, A. B. et al., 2008. Non-linear growth effects of financial development: Does financial integration matter? Journal of International Money and Finance, 27 (2): 295 – 313.

[292] Martinez, L., 2009. A theory of political cycles. Journey of Economic Theory, 144 (3): 1166 – 1186.

[293] Mehrotra, A. 2007. Exchange and interest rate channels during a deflationary era—evidence from Japan, Hong Kong and China. Journal of Comparative Economics, 35: 188 – 210.

[294] McCallum, B. T., 1988. Robustness properties of a rule for monetary policy. Carnegie – Rochester Conference Series on Public Policy 29 (Autumn), 173 – 203.

[295] McKibbin, W., 1997. Empirical Evidence on International Eco-

nomic Policy Coordination. In: Fratianni, M., Salvatore D., von Hagen, J. (Eds.), Handbook of Comparative Economic Policies, 5: Macroeconomic Policy in Open Economies. Greenwood Press, pp148 – 176.

[296] McCallum, B. T., 2000. Alternative Monetary Policy Rules: A Comparison with Historical Setting for the United States, the United Kingdom, and Japan. NBER Working Paper NO. 7725.

[297] McKinnon, R. I., 2002. The Euro Versus the Dollar, Historical Puzzle. Journal of Policy Modeling, 24: 355 – 359.

[298] McKinnon, R. I., 2007. Why China should keep its Dollar Peg: A historical perspective from Japan. International Finance, 10 (1): 43 – 70.

[299] Mishkin, F. S., 2009. Globalization and financial development. Journal of Development Economics. 89 (3): 164 – 169.

[300] Miljkovic, D., Rimalb, A., 2008. The impact of socio-economic factors on political instability: A cross-country analysis. The Journal of Socio – Economics, 37 (6): 2454 – 2463.

[301] Mundell, R., 1961. A theory of optimum currency areas. American Economic Review, 51: 657 – 675.

[302] Narayan, P. K. et al., 2009. "Understanding the Inflation – Output Nexus for China", China Economic Review, 20: 82 – 90.

[303] Nelson, E., Schwartz, A. J., 2008. The impact of Milton Friedman on modern monetary economics: Setting the record straight on Paul Krugman's Who was Milton Friedman? Journal of Monetary Economics, 55: 835 – 856.

[304] Nielsen, H. B., 2009. The breakdown of the UK Phillips curve revisited: Comment on "The long-run determinants of UK wages, 1860 – 2004. Journal of Macroeconomics, 31 (1): 29 – 34.

[305] Obstfeld, M., Rogoff, K., 1995. Exchange Rate Dynamics Redux. Journal of Political Economy, 103: 624 – 660.

[306] Obstfeld, M., Rogoff, K., 2000. The six major puzzles in inter-

national macroeconomics: Is there a common cause? NBER Macroeconomics Annual, 15: 339 – 390.

[307] Pagano, U., 2009. Co-evolution of politics and corporate governance. International Review of Law and Economics, 29 (2): 106 – 114.

[308] Paoli, B. D., 2009. Monetary policy and welfare in a small open economy. Journal of International Economics, 77 (1): 11 – 22.

[309] Perotti, E., Schwienbacher, A., 2009. The political origin of pension funding. Journal of Financial Intermediation, 18 (3): 384 – 404.

[310] Rabanal, P., 2007. Does inflation increase after a monetary policy tightening? Answers based on an estimated DSGE model. Journal of Economic Dynamics and Control, 31: 906 – 937.

[311] Ramcharan, R., 2007. Does the exchange rate regime matter for real shocks? Evidence from windstorms and earthquakes. Journal of International Economics, 73 (1): 31 – 47.

[312] Ravenna, F., Walsh, C. E., 2006. Optimal monetary policy with the cost channel. Journal of Monetary Economics, 53 (2): 199 – 216.

[313] Rodríguez, G., Rowe, N., 2007. Why U. S. money does not cause U. S. output, but does cause Hong Kong output, Journal of International Money and Finance, 26: 1174 – 1186.

[314] Romer, P. M., 1986. "Increasing Returns and Long – Run Growth", Journal of Political Economy, 94: pp 1002 – 1037.

[315] Rozelle, S., Swinnen, J. F. M., 2009. Why Did the Communist Party Reform in China, But Not in the Soviet Union? The Political Economy of Agricultural Transition, China Economic Review, 20 (2): 275 – 287.

[316] Ruta, M., 2008. Monetary politics in a monetary union: A note on commom agency with rational expection. Economics Letters, 101 (1): 196 – 198.

[317] Sager, M., 2006. Explaining the persistence of deviations from PPP: a non-linear Harrod – Balassa – Samuelson effect? Applied Financial Eco-

nomics, 16 (1): 41 -61.

[318] Samuleson, P. A., Slow, R. M., 1960. An analytical aspects of anti-inflation policy. American Economic Review, 50 (2): 177 -194.

[319] Samuelson, P. A., 1964. Theoretical Notes on trade problems. Review of Economics and Statistics, 46 (1): 145 -154.

[320] Rebelo, S., Végh, C. A., 2008. When is it Optimal to abandon a Fixed Exchange Rate? Review of Economic Studies, 75 (3): 929 -955.

[321] Sayer, S., 2000. Issues in new political economy: an overview. Journal of Economics Surveys, 14 (5): 527 -535.

[322] Serletis, A., Yavari, K., 2004. The welfare cost of inflation in Canada and the United States. Economics Letters, 84: 199 -204.

[323] Serletis, A., Yavari, K., 2005. The welfare cost of inflation in Italy. Applied Economic Letters, 2005 (12): 165 -168.

[324] Shaw, M., 2006. (Non) optimality of the Friedman rule and optimal taxation in a growing economy with imperfect competition. Economics Letters, 90: 412 -420.

[325] Shen, C. H., Lee, C. C., 2006. Same financial development yet different economic growth—Why? Journal of Money, Credit, and Banking, 38 (4): 1907 -1944.

[326] Sekiouaa, S. H., Karanasos, M., 2006. The real exchange rate and the Purchasing Power Parity puzzle: further evidence. Applied Financial Economics, 16: 199 -211.

[327] Spanjers, W., 2008. Central banks and ambiguity. International Review of Economics and Finance, 17: 85 -102.

[328] Surico, P., 2008. The cost channel of monetary policy and indeterminacy. Macroeconomic Dynamics, 12, 2008 (4): 724 -735.

[329] Taylor, John B., 1993. Discretion versus policy rules in practice. Carnegie - Rochester Conference Series on Public Policy, 39: 195 -214.

[330] Tille, C., 2006. On the distributional effects of exchange rate fluctuations. Journal of International Money and Finance, 25: 1207 – 1225.

[331] Tillmann, P., 2008. Do interest rates drive inflation dynamics? An analysis of the cost channel of monetary transmission. Journal of Economic Dynamics & Control, 32 (6): 2723 – 2744.

[332] Tillmann, P., 2009a. Robust monetary policy with the cost channel. Economica, 76 (303): 486 – 504.

[333] Tillmann, P., 2009b. The time-varying cost channel of monetary transmission. Journal of International Money and Finance, 28 (6): 941 – 953.

[334] Tillmann, P., 2009c. Optimal monetary policy with an uncertain cost channel. Journal of Money, Credit and Banking, 41 (5): 885 – 906.

[335] Tobin, J., 1965. Money and Economic Growth. Econometrica (32): 671 – 684.

[336] Torbecke, W., Smith, G., 2010. How would an appreciation of the remminbi and other east Asian currencies affect China's exports. Review of International Economics, 18 (1): 95 – 108.

[337] Walsh, C. E., 2003. Accountability, transparency, and inflation targeting. Journal of Money, Credit, and Banking, 35 (5): 829 – 849.

[338] Walsh, C. E., 2009. Inflation Targeting: What Have We Learned? International Finance, 12 (2): 195 – 233.

[339] Wang, D., 2007. Economic reforms, efficiency and productivity. Journal of Regulation Economics, 32 (1): 105 – 129.

[340] Weymark, D. N., 2007. Inflation, government transfers, and optimal central bank independence. European Economic Review, 51: 297 – 315.

[341] Willett, T. D., 2007. Why the Middle is Unstable: the Political economy of Exchange Rate Regimes and Currency Crisis. The World Economy, 30: 709 – 732.

[342] Williamson, S. D., 2008. Monetary policy and distribution. Jour-

nal of Monetary Economics, 55: 1038 – 1053.

[343] Woodford, Michael, 2003. Interest and Prices: Foundations of a Theory of Monetary Policy. Princeton University Press, Princeton and Oxford.

[344] Yotopoulosa, P. A., Sawadab, Y., 2006. Exchange rate misalignment: a new test of long-run PPP based on cross-country data. Applied Financial Economics, 16: 127 – 134.

[345] Zanetti, F., 2009. Effects of product and labor market regulation on macroeconomic outcomes. Journal of Macroeconomics, 31 (2): 320 – 332.

[346] Zhang, L., 2008. Political economy of income distribution dynamics. Journal of Development Economics, 87 (1): 119 – 139.

[347] Zhang, Y., Wan, G., 2008. Correcting China's trade imbalance: Monetary means will not suffice. Journal of Policy Modeling, 30: 505 – 521.

[348] Zhang, W., 2009. "China's Monetary Policy: Quantity Versus Price Rules", Journal of Macroeconomics, 31 (3): 473 – 484.

后　　记

　　本书的顺利出版，感谢胡凯博士*对本书的贡献，感谢华中师范大学对本书的资助，感谢经济科学出版社刘莎女士的帮助。

　　由于个人的学术水平和时间等条件有限，书中难免存在疏漏之处，敬请读者指正！

宋琴

2019 年 4 月

---

* 胡凯，中南财经政法大学金融学博士，现供职于武汉市蔡甸区人民政府办公室。主要从事货币政策理论与实务研究，擅长政府投融资决策，以及经济金融领域突发事件的应急处理。先后在《经济学动态》《中南财经政法大学学报》等国内期刊发表数篇论文，多篇文章被 CSSCI、EI、ISTP 检索，多次参与国内外著名的学术会议，参与国家社科基金、自然科学基金及横向课题多项。曾获全国博士生学术会议论文和中央党校举行的全国博士后学术会议论文一等奖。